TEORIA
DA
POESIA
CONCRETA

AUGUSTO DE CAMPOS
DÉCIO PIGNATARI
HAROLDO DE CAMPOS

TEORIA DA POESIA CONCRETA

textos críticos
e manifestos
1950-1960

Ateliê Editorial

Copyright © 2006 Augusto de Campos, Dante Pignatari
e Carmen de P. Arruda Campos e Ivan P. de Arruda Campos

Direitos reservados e protegidos pela Lei 9.610 de 19.2.1998.
É proibida a reprodução total ou parcial sem autorização,
por escrito, da editora e dos autores.

1.ed., 1965 Edições Invenção
2.ed., 1975 Livraria Duas Cidades
3.ed., 1987 Brasiliense
4.ed., 2006 Ateliê Editorial
5.ed., 2014 Ateliê Editorial

Dados Internacionais de Catalogação na Publicação (CIP)
(Câmara Brasileira do Livro, SP, Brasil)

Teoria da poesia concreta: textos críticos e manifestos 1950-1960
  / Augusto de Campos, Décio Pignatari, Haroldo de Campos.
  – Cotia, SP: Ateliê Editorial, 2006.

Bibliografia.
ISBN 978-85-7480-678-5

  1. Poesia concreta brasileira – História e crítica   I. Campos,
Augusto de, 1931-. II. Campos, Haroldo de, 1929-2003. III. Pignatari,
Décio, 1927-. IV. Título

06-6330   CDD-869.1

Índices para catálogo sistemático:
1. Poesia concreta brasileira: História e crítica   869.1

Direitos reservados à
ATELIÊ EDITORIAL
Estrada da Aldeia de Carapicuíba, 897
06709-300 – Granja Viana – Cotia – SP
Telefax: (11) 4612-9666
contato@atelie.com.br
www.atelie.com.br

Printed in Brazil 2014
Foi feito o depósito legal

sumário

introdução à 1ª edição [HC] 9
introdução à 2ª edição [AC] 13
depoimento [DP] 19
sobre poesia oral e poesia escrita [DP] 23
poetamenos [AC] 29
pontos-periferia-poesia concreta [AC] 31
poesia e paraíso perdido [HC] 43
a obra de arte aberta [HC] 49
poesia concreta [AC] 55
arte concreta: objeto e objetivo [DP] 63
nova poesia: concreta (manifesto) [DP] 67
poesia concreta (manifesto) [AC] 71
olho por olho a olho nu (manifesto) [HC] 73
evolução de formas: poesia concreta [HC] 77
a exposição de arte concreta e volpi [DP] 89
poesia concreta: pequena marcação histórico-formal [DP] 95
poesia concreta – linguagem – comunicação [HC] 105
poesia concreta: organização [DP] 125
da fenomenologia da composição à matemática da composição [HC] 133
aspectos da poesia concreta [HC] 137

forma, função e projeto geral [DP] 153
a moeda concreta da fala [AC] 157
construir e expressar [DP] 175
dois novos poemas concretos [HC] 177
ovo novo no velho [DP] 179
a temperatura informacional do texto [HC] 189
acaso, arbitrário, tiros [DP] 205
contexto de uma vanguarda [HC] 209
plano-piloto para poesia concreta [AC + DP + HC] 215
nova linguagem, nova poesia [LAP + DP] 219
& se não perceberam que poesia é linguagem [DP] 233

apêndices
I. bibliografia do grupo "noigandres" 239
II. sinopse do movimento de poesia concreta 259

nota biográfica 279
índice onomástico 283

introdução à 1ª edição
HAROLDO DE CAMPOS

O movimento de poesia concreta alterou profundamente o contexto da poesia brasileira. Pôs ideias e autores em circulação. Procedeu a revisões do nosso passado literário. Colocou problemas e propôs opções.

No plano nacional, retomou o diálogo com 1922, interrompido por uma contrarreforma convencionalizante e floral. Surgiu com um projeto geral de nova informação estética, inscrito em cheio no horizonte de nossa civilização técnica, situado em nosso tempo, humana e vivencialmente presente. Ofereceu, pela primeira vez, uma totalização crítica da experiência poética estante, armando-se de uma visada e de um propósito coletivos. Enfrentou a questão participante, mostrando que alistamento não significa alienação dos problemas da criação, que conteúdo ideológico revolucionário só redunda em poesia válida quando é veiculado sob forma também revolucionária. Pensou o nacional não em termos exóticos, mas em dimensão crítica.

No plano internacional, exportou ideias e formas. É o primeiro movimento literário brasileiro a nascer na dianteira da experiência artística mundial, sem defasagem de uma ou mais décadas.

Seu consumo se deu de maneira a mais surpreendente. Na linguagem e na visualidade cotidianas, a poesia concreta comparece. Está no texto de propaganda, na paginação e na titulagem do jornal, na diagramação do livro, no slogan de televisão, na letra de "bossa nova". É consumida inadvertidamente mesmo por aqueles que se recusam a reconhecê-la como poesia (rótulo que, aliás, não se empenha em disputar, tais os equívocos que o impregnam, preferindo antes um compromisso de fundo com a medula da linguagem).

A iniciativa de reunir em volume os textos e manifestos que prepararam e fomentaram a poesia concreta se explica pelo respeito fundamental ao documento. Um movimento que tem vitalidade para criar e reproduzir, para gerar variantes, para influir, quando não em soluções diretamente identificáveis, sob a forma de amplos condicionamentos, corre sempre o risco da difração, da refração, da diluição. É preciso facilitar a sua compreensão e a sua discussão nos seus termos originais, sem a mediação das divulgações esquemáticas e das interpretações duvidosas. Publicados os textos, aqui recolhidos, na imprensa diária e em revistas diversas, em pouco tempo se tornariam fatalmente inacessíveis, pelo próprio caráter contingente e heterogêneo das folhas em que foram estampados. Como aconteceu com 1922, cuja história estética ainda não foi suficientemente contada, e, em grande medida, tem que ser rastreada e restabelecida a partir dos elementos dispersos em jornais e periódicos da época, com as dificuldades imagináveis. Este volume é uma seleção do material publicado entre 1950 e 1960, pois a poesia concreta – movimento em processo e em progresso – não pode dar, a esta altura, senão um balanço parcial de suas atividades*. A incidência de certos temas comuns em alguns trabalhos dos três autores – quase sempre, porém, tratados ou aprofundados de pontos de vista diferentes – mostra como o projeto da poesia concreta foi-se construindo paulatinamente, através de um verdadeiro "plano decenal", na teoria e na prática. Nessa corrida de revezamento – pluripercurso de ideias em ação e evolução –,

---

* Apenas um trabalho escrito em 1960, porém publicado em 1963, foi incluído no volume. Trata-se de "Contexto de uma Vanguarda", que se destinava a prefaciar uma antologia, afinal não publicada em formato de livro. Oportunamente, Edições Invenção lançarão uma segunda coletânea, compreendendo textos teóricos referentes à poesia concreta, publicados a partir de 1961.

os tópicos fundamentais passam de um a outro autor, perseguindo-se a unidade na variedade. Coerência estatística, solidariedade estocástica, que se alimentam, inclusive, da divergência.

Os textos aqui compilados formam o pano de fundo da poesia brasileira de hoje, não apenas na sua faixa programaticamente de vanguarda, mas naquilo que ela tem de mais essencialmente criativo. Mesmo aqueles que se têm insurgido contra as teses da poesia concreta, outra coisa não fazem senão mover-se na área balizada pelos promotores do movimento: usam-lhes as técnicas, parafraseiam-lhes a terminologia, invocam-lhes o elenco de autores, repetem-lhes os achados críticos, dissimulando-se frequentemente por trás de um precário expediente de redenominação, como se a mera troca de rótulos fosse suficiente para cortar o cordão umbilical dos fatos e das ideias.

Pode-se dizer que as questões fundamentais que o movimento de poesia concreta agitou em matéria de teoria do poema e de criação constituem o núcleo dos debates da poesia e da poética atuais. Nelas se abeberaram os epígonos, conhecidos ou vindiços, para suas reflexões reflexas e seus manifestos didáticos, caracterizados pela sorrateira omissão das fontes. Mas, o que é de outra parte compensador, sobre elas se detiveram também os mais responsáveis e conscientes dentre os poetas de nossas várias gerações para delas extraírem, na lealdade do diálogo, estímulos, sugestões, instigações. Muitas das reivindicações sintáticas e semânticas do movimento entraram já, pragmaticamente, para o comércio ativo e vivo do que se poderia chamar uma linguagem comum. Passaram a circular independentemente de seus lançadores, anonimizadas no patrimônio geral, coletivizadas pelo uso. O que é a maior demonstração da eficácia dialética do movimento como produtor de ideias.

Os autores agradecem a Francisco Achcar a colaboração que lhes deu na organização do presente volume.

1965

introdução à 2ª edição
AUGUSTO DE CAMPOS

poesia-bumerangue-concreta

Dez anos depois, aqui vai a 2ª edição da Teoria da Poesia Concreta. *A demora se deveu, desta vez, não tanto ao desinteresse dos editores como à inércia dos autores. Realmente, mais do que a teoria, nos interessava ver editada a poesia – sempre menos editável –, a poesia, que é afinal o que interessa. A teoria não passa de um tacape de emergência a que o poeta se vê obrigado a recorrer, ante a incompetência dos críticos, para abrir a cabeça do público (a deles é invulnerável).*

Hoje, depois que a teoria da poesia concreta foi diluída e caricaturada em teorreias mais ou menos patafísicas pela voz das subcorrentes para- ou contraconcretoides, afanosamente colecionadas pelos historiadores/arquivistas literários, ela nos parece um esforço quase inútil, urgindo, antes, a leitura dos poemas, embora a nitidez e a coerência das ideias possam ter a virtude detergente de clarear o campo e mostrar, por comparação, o escuro e o sujo das coisas meramente fabricadas. Pelo sim ou pelo não, aqui vai ela, de novo pra vocês, e de novo tó pra eles, chupins desmemoriados.

Na introdução à 1ª edição, advertia-se que o volume compreendia textos de 1950 a 1960, incluindo apenas um trabalho escrito em 1960, mas só publicado em 1963. E acenava-se com uma segunda coletânea, abrangendo textos teóricos referentes à poesia concreta publicados a partir de 1961.

Abdicamos do projeto, não por falta de textos, mas por falta de tempo. Alguns desses textos vieram a integrar livros individuais, como A Arte no Horizonte do Provável, *de Haroldo de Campos, e* Contracomunicação*, *de Décio Pignatari, onde se encontra o que poderia ser considerado o último programa teórico de um integrante do grupo: a Teoria da Guerrilha Artística. Que os leitores insatisfeitos se remetam a eles e a ela.*

Mantivemos, pois, o volume como estava, acrescentando-lhe apenas dois textos, inéditos em livro, que nos pareceram indispensáveis para a compreensão dos caminhos assumidos posteriormente pelos poetas do grupo: o manifesto "Nova Linguagem: Nova Poesia", de Décio Pignatari e Luis Ângelo Pinto (1964), que originou a poesia semiótica e os poemas sem palavras adotados, depois, cabulosamente, por defluxos concretistas como a poesia processo, a poesia sinalística e outras; e o editorial do n. 5 – o último – da revista Invenção *(1967): mais um texto de Pignatari, com alguns toques dos dois Campos – um quase-testamento, ou textamento.*

No mais, o original permanece. Os apêndices ("Bibliografia do Grupo 'Noigandres'" e "Sinopse do Movimento de Poesia Concreta") ficam interrompidos em 1965. De então para cá, muitos itens foram acrescentados à bibliografia e vários acontecimentos sobrevieram, destacando-se o surto de exposições e antologias internacionais ocorrido em meados dos anos 1960, depois de publicada a Teoria. Mas nenhum dos três autores revelou disposição para coletar esses dados. Tarefa que os historiadores literários farão certamente muito

---

* Contracomunicação foi editado pela Ateliê Editorial em 2011 e encontra-se na 4ª edição (N. do E.).

melhor, principalmente quando a poesia-bumerangue-concreta, depois de ter sido exportada, refizer o circuito e voltar a cair sobre as suas cabeças.

Fernando Pessoa fantasiou um "movimento" que praticamente inexistiu e que ele dizia ter nascido da amizade entre ele e Sá-Carneiro: o Sensacionismo. Acho que só pra ter com quem conversar. Tão fantasioso que um de seus poucos supostos integrantes, além do próprio Pessoa, era Álvaro de Campos. Outros, muito menores do que ele, fantasiaram "movimentos" pensando entrar para a história (ao menos, a da literatura). Muitos gostariam que a poesia concreta não tivesse passado de fantasia. A esta altura, acho que até nós mesmos. Porque ela existiu demais e a sua realidade se tornou, afinal, tão ubíqua e palpável que quase chegou a nos engolir individualmente sob um rótulo anonimizador: os "concretistas".

Por outro lado, a geleia geral fez de tudo para esmagar esse osso – a poesia concreta –, sem consegui-lo. Finalmente, alguns dos seus fabricantes apontaram o dedinho (a única coisa que eles têm de duro) contra nós e nos acusaram de terrorismo cultural. Os "concretistas" – esses abomináveis homens das neves que espalharam pegadas monstruosas por toda a parte – seriam culpados do crime de terem garroteado a cultura brasileira, sufocado a poesia e impedido o seu florescimento. Como diz o Décio, é estranho: três poetas do bairro das Perdizes, aos quais se juntaram uns poucos companheiros, sem outra força que a da sua vontade, e sem outro apoio a não ser o individual para a divulgação de seus poemas – até este ano sempre publicados em edições não-comerciais – conseguiram aterrorizar a poesia brasileira. Ou esta era muito fraca, ou as ideias deles eram muito fortes. O que vocês acham?

abril 1975

TEORIA
DA
POESIA
CONCRETA

depoimento*
DÉCIO PIGNATARI

Todo poema autêntico é uma aventura – uma aventura planificada. Um poema não quer dizer isto nem aquilo, mas diz-se a si próprio, é idêntico a si mesmo e à dessemelhança do autor, no sentido do mito conhecido dos mortais que foram amados por deusas imortais e por isso sacrificados. Em cada poema ingressa-se e é-se expulso do paraíso. Um poema é feito de palavras e silêncios. Um poema é difícil. Adão. Sísifo. Orfeu.

A que poetas, no mundo, foi concedido o espantoso privilégio de identificar o mito com a realidade – como está acontecendo agora com os poetas do Estado de Israel que, necessitado de uma língua secular e cotidiana para preservar do prosaísmo a velhíssima língua do Torá, incumbiu, ou melhor, acatou e organizou verdadeiros dicionários de neologismos criados pelos seus poetas – agora transformados (em mito e realidade) em adamitas-menestréis?

. . . .

* Trecho do depoimento prestado por Décio Pignatari na seção "Autores e Livros", dirigida por José Tavares de Miranda, dentro da série de entrevistas "Tendências da Nova Poesia Brasileira" (Suplemento do *Jornal de São Paulo*, 2.4.1950).

A contenção de Eliot, o aparente desbordamento de Pound nos *Cantos*, as aventuras silábicas de Marianne Moore, o suave labirinto linguístico de Fernando Pessoa (etc.), mais a música, a pintura, o cinema, põem em xeque a forma mais ou menos aceita.

Agora, o poeta é um turista exilado, que atirou ao mar o seu Baedeker.

Algo assim como "Salve-se Quem Puder".

Como sempre foi.

Foto de Klaus Werner (1952).

sobre poesia oral e poesia escrita*
DÉCIO PIGNATARI

George Thomson, em *Marxism and Poetry*, diz-nos do caráter fundamentalmente oral da poesia em seus inícios, e em grupos sociais pouco complexos, onde a poesia faz parte do "acervo comum de referências" e experiências, e onde a própria linguagem cotidiana é de cunho marcadamente poético. O mais bem-dotado dentre eles é como que eleito o poeta-declamador oficial, o qual, diante do grupo, recebia a "inspiração" e declamava o poema, sendo perfeitamente compreendido por todos, em todas as suas entonações e intenções. Quando surge a poesia escrita, as malhas sociais já começaram a emaranhar-se, e o poeta vê reduzindo-se seu auditório, até que suas excogitações poéticas se transformem no monólogo dos dias atuais.

Tem relação a isso a expressão de Carlos Drummond de Andrade, fazendo blague, ante certa picardia dos moços, das "poesias jamais declamáveis".

---

* Trecho extraído do artigo "A Crítica e o Despautério ou a Mosca Azul" (Suplemento do *Jornal de São Paulo*, 10.9.1950). As considerações aqui reproduzidas vinham a propósito do poema "O Jogral e a Prostituta Negra" (1949), de Décio Pignatari, onde – segundo o mesmo artigo – "as palavras fluem, fundem-se e se desmembram para acompanhar as contorções do jogral". Nesse poema esboçavam-se já – temática e estruturalmente – algumas das preocupações que conduziriam à formulação da poesia concreta.

Sinto-me aventurado a acreditar que o poeta fez do papel o seu público, moldando-o à semelhança de seu canto, e lançando mão de todos os recursos gráficos e tipográficos, desde a pontuação até o caligrama, para tentar a transposição do poema oral para o escrito, em todos os seus matizes.

Um retrospecto dirá melhor: este poema de Ledo Ivo:

Na noite higiênica
o vento balança
grandes flores: cálcio.

onde uma longa cadeia de *nn* e vogais surdas imita o lento caule ao vento, repentinamente sustado por dois-pontos: cálcio – a flor que se abre. Se bem que o poema ficasse bastante prejudicado sem a imaginação sonora, o desenho tipográfico é perceptível.

Este outro exemplo, de Hölderlin, em tradução de Manuel Bandeira, é decisivo:

NEL MEZZO DEL CAMMIN

Peras amarelas
E rosas silvestres
Da paisagem sobre a
Lagoa.

Ó cisnes graciosos,
Bêbedos de beijos,
Enfiando a cabeça
Na água santa e sóbria!

Ai de mim, aonde, se
É inverno agora, achar as

Flores? e aonde
O calor do sol
E a sombra da terra?
Os muros avultam
Mudos e frios; ao vento
Tatalam bandeiras.

Observa Otto Maria Carpeaux (*Origens e Fins*):

Esse poema resume a vida de Hölderlin e sua arte também; o esplendor outonal dos ritmos da primeira estrofe, e na segunda os monossílabos átonos, perdidos no fim dos versos como o frio invernal, e içada a bandeira da morte.

Finalmente, este, de Marianne Moore, [...], "The Fish", as três últimas estrofes somente:

All
external
    marks of abuse are present on
        this
            defiant edifice –
    all the physical features of

ac-
cident – lack
    of cornice, dynamite grooves, burns
        and
        hatchet strokes, these things stand
    out on it; the chasm side is

dead.
Repeated
    evidence has proved that it can
        live
            on what cannot revive
    its youth. The sea grows old in it.

Aí vemos as estrofes fluindo uma para dentro da outra, e a tipografia compondo o desenho caprichoso dos meandros que o peixe deixa na água. Na segunda estrofe citada, a palavra *accident* sofreu um trauma, para acentuar o *crash**.

---

* Apresentamos, nas páginas seguintes, a tradução integral do poema "The Fish", publicada, posteriormente, por Augusto de Campos (página "Invenção", *Correio Paulistano*, 5.6.1960).

o peixe

    Nad-
    ando em negro jade.
        Conchas azul-marinhas, uma
            só
            sobre montes de pó,
        a abrir e fechar como

que-
brado leque.
    Mariscos incrustados na
        crista
            da onda, agora à vista,
    pois as setas submersas do

sol,
vidrilhos, sol-
    tam reflexos, rápidas
        retas
            por entre as gretas –
    acendendo a turquesa do

mar
crepuscular
    de corpos. A água estende um
        braço
            de aço na aresta de aço
    do penhasco, e então estrelas,

ros-
ados grãos de arroz,
    medusas, caranguejos – lírios
        verdes –
           algas a escorrer, des-
    lizam uns sobre os outros.

Os
sinais todos
    do abuso estão presentes no
        vazio
           deste edifício-desafio,
    todos os traços físicos do

ac-
idente – lascas,
    marcas de fogo ou dinamite,
        cortes
           de machado, tudo res-
    iste nele, que como morto

jaz.
Pertinaz
    evidência comprova que ele
        vive
           do que não lhe revive
    a juventude. O mar envelhece nele.

poetamenos*
AUGUSTO DE CAMPOS

ou aspirando à esperança de uma

    KLANGFARBENMELODIE
    (melodiadetimbres)

com palavras como em Webern:

uma melodia contínua deslocada de um instrumento para outro, mudando constantemente sua cor:

instrumentos: frase/palavra/sílaba/letra(s), cujos timbres se definam p/ um tema gráfico-fonético ou "ideogrâmico".

∴ a necessidade da representação gráfica em cores (q ainda assim apenas aproximadamente representam, podendo diminuir em funcionalidade em ctos casos complexos de superposição e interpenetração temática), excluída a representação monocolor q está para o poema como uma fotografia para a realidade cromática.

mas luminosos, ou filmletras, quem os tivera!

reverberação: leitura oral – vozes reais agindo em (aproximadamente) timbre para o poema como os instrumentos na *klangfarbenmelodie* de Webern.

* Publicado originalmente como introdução à série "poetamenos" (janeiro/julho 1953), em *noigandres*, n. 2, São Paulo, fevereiro de 1955.

```
                        eis
                        os
    amantes              sem                    parentes
                       senão
                     os corpos
              irmãum              gemeoutrem
              cimaeu              baixela
                 ecoraçambos
    d u p l a m p l i n f a n t u n o ( s ) e m p r e
                semen(t)emventre
              estesse              aquelele
                 inhumenoutro
```

Reproduzimos, acima, um poema de Augusto de Campos, da série "poetamenos" (texto previsto para duas vozes-cores, masculina e feminina).

pontos-periferia-poesia concreta*

AUGUSTO DE CAMPOS

"Sem presumir do futuro o que sairá daqui, nada ou quase uma arte", dizia Mallarmé no prefácio à primeira versão de *Un Coup de Dés* (revista *Cosmopolis* – 1897), entreabrindo as portas de uma nova realidade poética.

Os vários pugil/ismos do começo do século XX – não obstante sua utilidade e necessidade – tiveram o infortúnio de obscurecer a importância desse "poema planta", desse "grande poema tipográfico e cosmogônico", que vale por si só todo o vozerio das vanguardas de alguns anos depois.

Un Coup de Dés fez de Mallarmé o inventor de um processo de composição poética cuja significação se nos afigura comparável ao valor da "série", introduzida por Schönberg, purificada por Webern e, através da filtração deste, legada aos jovens músicos eletrônicos, a presidir os universos sonoros de um Boulez ou um Stockhausen. A esse processo definiríamos, de início, com a palavra *estrutura*, tendo em vista uma entidade onde o todo é mais que a soma das partes

---

* Publicado originalmente no "Suplemento Dominical" do *Jornal do Brasil*, Rio de Janeiro, 11.11.1956. Este trabalho constitui a fusão, com ligeiras modificações, dos artigos "Poesia, Estrutura" e "Poema, Ideograma", estampados, respectivamente, em 20 e 27.3.1955, no *Diário de S. Paulo*.

ou algo qualitativamente diverso de cada componente. Eisenstein, na fundamentação de sua teoria da montagem, Pierre Boulez e Michel Fano, com relação ao princípio serial, testemunharam – como artistas – o interesse da aplicação dos conceitos gestaltianos ao campo das artes. E é em estritos termos de *Gestalt* que entendemos o título de um dos livros de poesia de E. E. Cummings: *Is 5*. Para a poesia, e em especial para a poesia de estrutura de Mallarmé ou Cummings, dois mais dois pode ser rigorosamente igual a cinco.

Como afirma Hugh Kenner, em *The Poetry of Ezra Pound*, "a fragmentação da ideia estética em imagens alotrópicas, tal como teorizada pela primeira vez por Mallarmé, foi uma descoberta cuja importância para o artista corresponde à da fissão nuclear para o físico". Mallarmé descobria e estava consciente do alcance de sua descoberta, e é por isso que seu pequeno prefácio tem quase tanta relevância como o próprio poema.

"Subdivisões prismáticas da Ideia", eis como conceituava ele, com fina perspicácia, o seu original método compositivo.

Corolário primeiro do processo mallarmeano é a exigência de uma tipografia funcional, que espelhe com real eficácia as metamorfoses, os fluxos e refluxos do pensamento. O que em *Un Coup de Dés* se consubstancia nos seguintes efeitos, que preferimos expor através das palavras do poeta:

a) EMPREGO DE TIPOS DIVERSOS: "A diferença dos caracteres de impressão entre o motivo preponderante, um secundário e outros adjacentes, dita sua importância à emissão oral...";
b) POSIÇÃO DAS LINHAS TIPOGRÁFICAS: "... e a situação, ao meio, no alto, embaixo da página, indicará que sobe ou desce a entonação";
c) ESPAÇO GRÁFICO: "Os 'brancos', com efeito, assumem importância, agridem à primeira vista; a versificação o exigiu como silêncio em torno, ordinariamente, no ponto em que um trecho, lírico ou de poucos pés, ocupa, no meio, cerca de um terço da

página: eu não transgrido essa medida, apenas a disperso. O papel intervém cada vez que uma imagem, por si mesma, cessa ou reaparece, aceitando a sucessão de outras" etc.;

d) USO ESPECIAL DA FOLHA, que passa a compor-se propriamente de duas páginas desdobradas, onde as palavras formam um todo e ao mesmo tempo se separam em dois grupos, à direita e à esquerda da prega central, "como componentes de um mesmo ideograma", segundo observa Robert Greer Cohn[1], ou, noutros termos, como se a prega central fosse uma espécie de ponto de apoio para o equilíbrio de dois ramos de palavras-pesos.

Trata-se, pois, de uma utilização dinâmica dos recursos tipográficos, já impotentes em seu arranjo de rotina para servir a toda a gama de inflexões de que é capaz o pensamento poético liberto do agrilhoamento formal sintático-silogístico. A própria pontuação se torna aqui desnecessária, uma vez que o espaço gráfico se substantiva e passa a fazer funcionar com maior plasticidade as pausas e intervalos da dicção.

Sob um certo ângulo, a experiência tem raízes na música. Partem ainda uma vez de Mallarmé os primeiros lampejos esclarecedores:

> Acrescentar que desse emprego a nu do pensamento com retiradas, prolongamentos, fugas, ou seu próprio desenho resulta, para quem queira ler em voz alta, uma partitura; [e] Sua reunião [a do verso livre e do poema em prosa] se efetua sob uma influência, eu o sei, estranha, a da Música ouvida em concerto; sendo reconhecíveis nesta diversos meios que me pareceram pertencer às Letras, retomo-os. O gênero, que fica sendo como a Sinfonia [etc.].

De modo geral, as lições estruturais que Mallarmé foi encontrar na música se reduzem à noção de tema, implicando também a ideia de desenvolvimento horizontal e contraponto. Assim, *Un Coup de*

---

1. Robert Greer Cohn, *L'Oeuvre de Mallarmé – Un Coup de Dés*, Paris, Librairie Les Lettres, 1951.

Dés compõe-se de temas ou, para usarmos da expressão do poeta, de motivo preponderante, secundários e adjacentes, indicados graficamente pelo tamanho maior ou menor das letras e ainda distinguidos um do outro pela diversificação dos caracteres. Objetivamente:

> motivo preponderante: UN COUP DE DÉS/JAMAIS/N'ABOLIRA/LE HASARD.
>
> 1º MOTIVO SECUNDÁRIO: *Si / c'était / le nombre / ce serait* – que tem como adjacentes os temas *comme si / comme si*, por sua vez ramificados;
>
> OUTROS MOTIVOS SECUNDÁRIOS: *quand bien même lancé dans des circonstances eternelles / du fond d'un naufrage / soit / le maître / existât-il / commençât-il et cessât-il / se chiffrâit-il illuminât-il / rien / n'aura eu lieu / que le lieu / excepté / peut-être / une constellation*;
>
> MOTIVOS ADJACENTES: os assinalados pelas letras menores.

Em síntese, a raiz estrutural do poema seria, portanto:

A = motivo preponderante
A = motivo secundário
a = motivo adjacente

Mas acontece que os motivos se interpenetram. Como assinala Greer Cohn:

> Frases em caracteres menores são agrupadas em torno da grande, formando galhos, ramos, sobre seu tronco, e todas essas ramificações se perseguem paralelamente ou se entrecruzam, oferecendo um equivalente literário do contraponto musical.

Desprezando-se, para simplificar a demonstração, os motivos adjacentes em geral, e chamando-se "A" ao motivo principal, "B" ao motivo secundário *Si / c'était le nombre / ce serait* que desemboca no "LE HASARD" do motivo principal e está expresso no poema pelo tipo de maior dimensão depois do principal; denominando-se ainda "b" ao motivo *comme si / comme si*, adjacente de B, e "a" aos motivos secundários *quand bien même* etc., que equivalem em tamanho a "b" (com a diferença de que este motivo, a exemplo de "B", de que é uma ramificação, é apresentado em tipo inclinado), temos aproximadamente:

A A B A
a b a a

Esta é, frisamos, uma visão muito esquemática (e tomada, digamos assim, de uma só perspectiva) da estrutura de *Un Coup de Dés*, havendo ainda a considerar, além da maior complexidade de ramificações e entrecruzamentos, a diferença dos tipos, a posição das linhas e a especial configuração das páginas. Mas cremos que a pequena demonstração intentada pode dar uma ideia, ainda que pálida, da ossatura poderosa e inquebrantável que a consciência estrutural e musical de Mallarmé armou para o seu admirável poema.

As experiências a que, a seguir, se entregaram futuristas e dadaístas longe estavam de possuir aquelas características de funcionalidade que fazem de *Un Coup de Dés* uma rigorosa e irrepreensível constelação de palavras.

No momento histórico, porém, incumbe ao Movimento Futurista e ao Dadaísmo um papel relevante, de reposição, embora em nível muitas vezes inferior, de algumas das exigências que colocara em foco o poema inovador de Mallarmé. Já em seu *Manifesto Técnico da Literatura Futurista* (1912)*, declarava-se Marinetti:

---

* *Nota da 2ª edição*: A citação pertence, de fato, ao manifesto *Distruzione della Sintassi*, de 1913. Ver Tommaso Marinetti, *I Manifesti del Futurismo* (Florença, Edizione di "Lacerba", 1914, p. 143).

[...] contra o que se chama habitualmente a harmonia tipográfica da página, contrária ao fluxo e refluxo que se estende na folha impressa. Nós empregaremos numa mesma página quatro ou cinco tintas de cores diferentes e vinte caracteres distintos, se for necessário. Exemplo: cursivas para as séries de sensações análogas e rápidas, negrito para as onomatopeias violentas etc.

Livre direção das linhas (oblíquas, verticais etc.), substituição da pontuação pelos sinais matemáticos e musicais, eram outras modificações propostas. E será possível discernir na "imaginação sem fios", nas "palavras em liberdade", na drástica condenação do adjetivo, algo assim como o pressentimento olfativo de uma renovação poética que eles, futuristas, não chegariam a cristalizar, mas para a qual não deixaram de contribuir bastante, e até certo ponto, mais do que bastante: com sua própria imolação.

Menos frenéticos e mais organizados foram os *Calligrammes* de Apollinaire. Em um artigo denominado "Devant l'idéogramme d'Apollinaire" (junho de 1914), publicado na revista *Soirées de Paris* (julho-agosto de 1914), sob o pseudônimo de Gabriel Arboin[2], escla-

2. Quem atribuiu o texto a Apollinaire foi o poeta André Salmon, seu íntimo amigo, que organizou uma coletânea de poemas inéditos do autor dos "caligramas", dando-lhe o título *Le Guetteur Mélancolique* (Paris, Gallimard, 1952). Ao reestampar o texto "Devant l'Idéogramme d'Apollinaire", em apêndice, afirmou ele: "Gabriel Arboin fut un pseudonyme utilisé par Guillaume Apollinaire pour publier cet article dans le *Soirées de Paris* de juillet-aôut de 1914". Parece que existiu, porém, um jornalista da época com o nome Gabriel Arboin ou Arbouin. A coincidência das iniciais, aliada à relevância conceitual do escrito, sugere ainda assim uma interferência do poeta, deixando pairar dúvidas sobre a sua real autoria. Mais recentemente Daniel Grojnowski e Michel Décaudin organizaram uma belíssima edição do até então inédito álbum fac-similar dos "ideogramas líricos" de Apollinaire, *Et Moi Aussi Je Suis Peintre* (Paris, Éditions Sébastien Gryphe, 1985), contendo manuscritos e provas de impressão com data final de 10.08.1914, acrescidos do artigo em apreço. Escrevendo cerca de trinta anos depois de Salmon, e sem fazer referência a ele, anotam os organizadores a propósito do artigo e seu presumido autor Gabriel Arbouin (acrescentando um "i" ao sobrenome): "On peut se demander si ces pages, au demeurant étrangement ambigües, sont bien de la plume de ce journaliste peu au fait de l'avant-garde littéraire et si elles ne lui ont été pour le moins inspirées pour celui qui portait les mêmes initiales".

recia o poeta o sentido de seus experimentos, referindo-se em especial à "Lettre-Océan". Logo de início reconhecia seu débito ao Futurismo. E, fato importante, era o primeiro a tentar uma explicação para o poema espacial por via do ideograma:

Digo ideograma porque, depois desta produção, não há mais dúvida de que certos escritos modernos tendem a penetrar na ideografia. O acontecimento é curioso. Já, em *Lacerba*, podiam-se ver tentativas desse gênero por Soffici, Marinetti, Cangiullo, Ianelli, e também por Carrà, Boccioni, Betuda, Binazzi, estas últimas menos definitivas. Diante de tais produções, ficava-se ainda indeciso. Após a "Lettre-Océan", não há mais lugar para a dúvida.

E prosseguia com lucidez:

[...] o laço entre esses fragmentos não é mais o da lógica gramatical, mas o de uma lógica ideográfica que chega a uma ordem de disposição espacial totalmente contrária à da justaposição discursiva.

Ou, mais adiante, ecoando o "emprego a nu do pensamento" mallarmeano: "E são ideias nuas que nos apresenta a 'Lettre-Océan', numa ordem visual". E, ainda, agudo:

Portanto, seguramente, nada de narração, dificilmente poema. Se quiserem: poema ideográfico. Revolução: porque é preciso que nossa inteligência se habitue a compreender sintético-ideograficamente em lugar de analítico-discursivamente.

O equívoco de Apollinaire está implícito nestas linhas:

Quem não se aperceberia de que isto não é mais que um início, e que, por efeito da lógica determinista que dirige a evolução de todo mecanismo, tais poemas devem acabar apresentando um conjunto pictural em relação com o tema tratado? Assim se atingirá o ideograma quase perfeito.

Condena, assim, Apollinaire o ideograma poético à mera representação figurativa do tema. Se o poema é sobre a chuva ("Il Pleut"), as palavras se dispõem em cinco linhas oblíquas. Composições em forma de coração, relógio, gravata, coroa se sucedem em *Calligrammes*. É certo que se pode indagar aqui do valor sugestivo de uma relação fisiognômica entre as palavras e o objeto por elas representado, à qual o próprio Mallarmé não teria sido indiferente. Mas, ainda assim, cumpre fazer uma distinção qualitativa. No poema de Mallarmé, as miragens gráficas do naufrágio e da constelação se insinuam tênue e naturalmente, com a mesma naturalidade e discrição com que apenas dois traços podem configurar o ideograma chinês para a palavra *homem*. Da mesma forma, os melhores efeitos gráficos de Cummings, almejando a uma espécie de sinestesia do movimento, emergem das palavras mesmas, partem de dentro para fora do poema. Já em Apollinaire a estrutura é evidentemente imposta ao poema, exterior às palavras, que tomam a forma do recipiente mas não são alteradas por ele. Isso retira grande parte do vigor e da riqueza fisiognômica que possam ter os "caligramas", em que pese a graça e o "humor" visual com que quase sempre são "desenhados" por Apollinaire.

Seria preciso que outro poeta surgisse, mais enérgico, mais culto, mais amplamente dotado e informado que Apollinaire, para fundar, em definitivo, a teoria do ideograma aplicado à poesia. Referimo-nos a Ezra Pound. Não importa considerar, de momento, as formidáveis diferenças de perspectiva que separam Pound de Mallarmé. O fenômeno, que constitui por si só matéria para um diferente estudo, diz respeito ao uso diametralmente oposto que fazem do léxico esses poetas: palavra justa para Pound, palavra mágica para Mallarmé: uma oposição *dialéxica*, diríamos nós. Pois Mallarmé e Pound vão se encontrar no campo da estrutura.

Pound chegou à sua concepção por intermédio da música, como Mallarmé, e através do ideograma chinês. O estudo do sinólogo Ernest Fenollosa, "The Chinese Written Character as a Medium for Poetry", exumado à obscuridade por Pound, e por ele publicado com notas e observações suas na *Little Review* (vol. vi, n. 5, 6, 7, 8), em 1919, deu-lhe a chave para uma nova interpretação da poesia e dos próprios métodos de crítica poética.

O significado de verdadeira "revelação" que tem para a estética moderna o ideograma chinês é algo de muito sério. Aos céticos, aos que julgam ser esta apenas uma ideia exótica, recomendaríamos, a título de evidência culturmorfológica – um ponto a mais "a definir uma periferia" – o ensaio "O Princípio Cinematográfico e o Ideograma", assinado por Eisenstein em 1929, e que constitui um dos capítulos do livro *Film Form* do grande cineasta.

Acentuando a natureza privilegiada do ideógrafo chinês, dizia Fenollosa no importantíssimo estudo a que antes nos referimos: "Neste processo de compor, duas coisas reunidas não produzem uma terceira coisa, mas sugerem alguma relação fundamental entre elas". Aí está o enunciado básico do ideograma, que vem coincidir literalmente com o axioma gestaltiano. Se a Fenollosa se deve o mérito de ter vislumbrado as relações de essência entre ideograma e poesia, a Ezra Pound coube a demonstração prática, com a aplicação do método ideogrâmico ao gigantesco arcabouço d'*Os Cantos*. Nessa extraordinária epopeia moderna, fragmentos se justapõem a fragmentos, Cantos a Cantos, sem qualquer ordenação silogística, atendendo tão somente aos princípios ideogrâmicos: o poema, a esta altura quase completo (quarenta anos de labor criativo: 95 Cantos!), assume ele próprio a configuração de um fantástico ideograma da cosmovisão poundiana.

Quanto à música, deixemos que Pound elucide a medida de sua influência sobre os Cantos, já que ele o faz com extrema clareza numa carta a John Lackey Brown (1937, Rapallo): "Tome uma fuga: tema, resposta, contratema. Não que eu pretenda uma exata analogia de estrutura". Uma carta anterior, de 11 de abril de 1927, a Homer L. Pound, pai do poeta, é ainda mais explícita.

Mais ou menos como tema, resposta e contratema em uma fuga.

A.A. O vivo desce ao mundo dos Mortos

C.B. A "repetição da História"

B.C. O "momento mágico" ou momento da metamorfose, irrupção do cotidiano para o "mundo divino ou permanente" Deuses etc.

De tudo ressalta que a ideia central de Pound, sob esse aspecto, é a analogia esquemática com a fuga, o contraponto. E estabelece-se assim o circuito Pound-Mallarmé. Ainda que a configuração de *Un Coup de Dés* e *The Cantos* seja em espécie diversa, pertencem os dois poemas estruturalmente a um mesmo gênero.

Um outro poeta-inventor, E. E. Cummings, leva o ideograma e o contraponto à miniatura. Sem incidir no letrismo ou na formação de agrupamentos sonoros destituídos de vivência, Cummings libera o vocábulo de sua grafia, põe em evidência seus elementos formais, visuais e fonéticos para melhor acionar sua dinâmica. Assim, no poema "brIght" do volume *No Thanks* promove uma verdadeira tecedura contrapontística, repetindo ou invertendo em sua ordem estas simples palavras: *bright, star, big, soft, near, calm, holy, deep, alone, yes, who*, e compõe com a sua justaposição, livre de conectivos, o ideograma do impacto de uma noite estrelada. Ao passo que a receita de Apollinaire, aplicada ao poema, implicaria uma solução tal como dispor as palavras em forma de estrelas, o poeta americano resolve seu tema com muito maior sutileza fazendo uma letra maiúscula movimentar-se dentro das palavras *bright* (brIght, bRight, Bright, BriGht), *yes* (yeS, yEs, Yes) e *who* (wHo, whO, Who), ou usando pontos de interrogação em lugar de algumas letras das palavras *star* (s???, st??, sta?) e *bright* (????Ht, ?????T), a fim de conseguir simbolicamente uma equivalência fisiognômica do brilho estelar.

O "micromacrocosmo" joyciano, a atingir o seu ápice no *Finnegans Wake*, é outro altíssimo exemplo do problema que vimos expondo. O implacável romance-poema de Joyce realiza também, e de maneira *sui generis*, a proeza da estrutura. Aqui o contraponto é *moto perpetuo*, o ideograma é obtido através de superposições de palavras, verdadeiras "montagens" léxicas; a infraestrutura geral é "um desenho circular onde cada parte é começo, meio e fim"[3]. O esquema círculo-vicioso é o elo que vai ligar Joyce a Mallarmé, "por um cômodo vicus de recirculação". Muito se aproxima o "ciclo mallarmeano" de *Un Coup de Dés* do ciclo de Vico reinventado por Joyce para o *Finnegans Wake*. O denominador comum, segundo Robert Greer Cohn, para quem aquele poema de Mallarmé tem mais pontos de contato com *Finnegans Wake* do que com qualquer outra criação literária, seria o esquema: unidade, dualismo, multiplicidade, e novamente unidade. Expressão evidente, a uma mera inspeção, dessa estrutura circular comum a ambas as obras é o fato de a frase inicial de *Finnegans Wake* ser a continuação da última, assim como as derradeiras palavras do poema mallarmeano são também as primeiras: "*Toute pensée émet un coup de dés*".

Não deixa de ser assinalável que um jovem músico de vanguarda, Michel Fano, procurando situar os recentes desenvolvimentos musicais perante as outras artes, escreva[4]:

> Hoje, quando constatamos no interior das disciplinas plásticas uma propensão à expressão *função-do-tempo* (móbiles de Calder), uma eclosão se produz no sentido oposto, com a pesquisa de estruturas que vêm quebrar o sentido tradicional de desenvolvimento no tempo. Se é evidente que o tempo é necessário à comunicação, não é menos certo que ele não é mais concebível atualmente como suporte de um vetor de desenvolvimento. Joyce e Cummings elucidaram poderosamente as consequências literárias dessa

---

3. Joseph Campbell & Henry Morton Robinson, *A Skeleton Key to Finnegans Wake*, London, Faber & Faber, 1947.
4. Michel Fano, "Pouvoirs Transmis", *Cahiers de la Compagnie M. Renaud-Jean Louis Barrault* ("La Musique et ses Problèmes Contemporains"), Cahier III, Juillard, 1954.

noção que realiza uma totalidade de significação no instante, provocando a necessidade de uma apreensão total da obra para a compreensão de uma de suas partes, e atingindo aí o princípio gestaltiano que não é possível deixar de evocar quando se trata do conceito serial.

Essas considerações, que vêm ao encontro das ideias aqui expendidas, têm para nós o valor de confronto e confirmação de um ponto de vista. Apenas acrescentaríamos aos nomes citados por Fano a presença irretorquível das realizações de Mallarmé e Ezra Pound.

A verdade é que as "subdivisões prismáticas da Ideia" de Mallarmé, o método ideogrâmico de Pound, a apresentação "verbivocovisual" joyciana e a mímica verbal de Cummings convergem para um novo conceito de composição, para uma nova teoria de forma – uma organoforma – onde noções tradicionais como princípio-meio-fim, silogismo, verso tendem a desaparecer e ser superadas por uma organização poético-gestaltiana, poético-musical, poético-ideogrâmica da estrutura: POESIA CONCRETA.

poesia e paraíso perdido*
HAROLDO DE CAMPOS

A arte da poesia, embora não tenha uma vivência função-da-História, mas se apoie sobre um *continuum* meta-histórico que contemporaniza Homero e Pound, Dante e Eliot, Góngora e Mallarmé, implica a ideia de progresso, não no sentido de hierarquia de valor, mas no de metamorfose vetoriada, de transformação qualitativa, de culturmorfologia: *make it new*.

"A ordenação do conhecimento, de sorte que o próximo homem (ou geração) possa encontrar da maneira mais rápida a parte viva do mesmo, e gastar o menos tempo possível com caminhos obsoletos"[1] é a metodologia crítica, tácita ou expressa, que conduz à obra de criação.

Assim, na música contemporânea, vemos um Pierre Boulez, através de uma "separação drástica" preliminar de autores, no sentido poundiano da expressão, operar uma síntese qualitativa de Stravínski

---

* Publicado originalmente no *Diário de S. Paulo*, 5.6.1955; republicado em *O Jornal*, Rio de Janeiro, 7.8.1955.

1. Pound, "Date line", em *Make it New*, New Haven, Yale University Press, 1935, p. 5. Guy Davenport, em "Pound and Frobenius", na coletânea *Motive and Method in the Cantos of Ezra Pound*, New York, Columbia University Press, 1950, p. 48, vincula esse trecho às concepções do antropólogo Frobenius, cuja *Kulturmorphologie* (transformação de culturas) é uma das ideias mestras da obra crítica e artística de Pound.

e do triunvirato dodecafônico vienense (Schönberg, Alban Berg e Webern), o primeiro, pela contribuição rítmica, os demais pela elaboração de uma nova semântica e uma nova sintaxe sonoras, com ênfase, sobretudo, em Anton Webern[2], operação esta que se põe no limiar de suas próprias pesquisas, e de Fano, de Stockhausen, de Philippot, no campo da nova música instrumental e eletrônica. Não nos surpreende, porém, a vitalidade que, para muitos, pareceria iconoclástica, de sua postulação de fé: "Webern não era previsível: para poder viver utilmente após ele, não se poderá continuá-lo, é preciso esquartejá-lo".

E é sintomático que essa ferrenha ânsia de superação culturmorfológica se manifeste, em tais termos, justamente no campo da música pós-dodecafônica, quando é sabido como a própria técnica dos doze sons é ainda encarada pela maior parte sob a lente deformante da inumanidade apocalíptica. Sirva de exemplo o beco-sem-saída fáustico, o inferno glacial vislumbrado por Thomas Mann nesse método de compor, que ele chamou de "constelação", ao engendrar a *persona* de Adrian Leverkühn, licântropo desesperado e último da grandiloquência romântica em colapso frente à guerra total da revolução schönberguiana[3].

O momento, portanto, reclama a higienização dos mitos. O avatar fáustico é apenas um dos dragões-chineses, uma das carantonhas de artifício de que se servem aqueles que investem a arte de uma

---

2. Ver "Moment de J. S. Bach", *Contrepoints*, VIIme Cahier, Paris, pp. 72-86; "Éventuellement...", *La Revue Musicale – L'Oeuvre du XXe Siècle*, Paris, pp. 117-147, ambos por Pierre Boulez.

3. Schönberg foi o primeiro a repudiar a caracterização fáustica de Thomas Mann. Diz H. H. Stuckenschmidt em *Arnold Schönberg*, Zürich, Atlantis Musikbücherei, Atlantis Verlag, p. 118: "É sabido, como ele (Schönberg) se voltou de maneira agressiva contra Thomas Mann, quando se sentiu ferido através do *Doutor Fausto*. Essa controvérsia na qual nenhuma conciliação é mais possível, forçou a muitos, partidários de ambos os opositores, a penosas decisões".

"função catártica" precípua, espécie de clister do coração acrescido, às furtadelas, ao elenco portátil dos decoctórios.

Mais agudas, mais enquistadas, e, assim, urgindo uma fumigação de raiz, dado o seu processo contumaz e atraente de ossificação, são certas tendências – aliás, bem definidas entre nós – de "estilização", de "pausa que refresca" formal, cuja patologia é o mesmo Pierre Boulez quem discerne, ao lobrigá-las, no caso da música atual, como "imensas nostalgias de confortos salutares".

O lirismo anônimo e anódino, o amor às formas fixas do vago, que explica, em muitos casos, a "redescoberta" do soneto à guisa de *dernier cri*, são manifestações sobejamente conhecidas desse preguiçoso anseio em prol do domingo das artes, remanso onde a poesia, perfeitamente codificada em pequeninas regras métricas e ajustada a um sereno bom-tom formal, aparelhada de um patrimônio de metáforas prudentemente controlado em sua abastança pequeno-burguesa por um curioso poder morigerador – o "clima" do poema – pudesse ficar à margem do processo cultural, garantida por um seguro de vida fiduciado à eternidade. Esse novo arcadismo, convencionado à sombra de clichês, sancionando a preguiça e a omissão como atitude frente aos problemas estéticos, autolimitado por um senso autárquico-solipsista de *métier* que excomunga a permeabilidade entre as soluções poéticas, musicais ou das artes visuais (por uma ignorância apriorística e não poucas vezes agressiva!), tem como palavra--senha entre nós o conceito de *humano*. Como se a bela, a nobre, a fecunda palavra *humano* fosse um vocábulo-eunuco, destinado a nomear a esterilidade ao invés da criação. Outro tipo de estética, que se pretende revolucionária sob o ponto de vista conteudístico, constrói, com ligeiras modificações, seu paraíso doméstico, negando pura e simplesmente qualquer integração da literatura brasileira num plano de experiência internacional, por razões de tropicalismo porquemeufanista, como se lhe fosse destinado, sem remissão, o papel de literatura exótica ou de exceção. Sintomático é, porém, que aos laboratórios de física nuclear ou às especulações filosóficas o trópico não é compelido a afetar...[4]

Não poucos equívocos se devem à sutileza do processo culturmorfológico, cuja dinâmica vetorial se faz, às vezes, por linhas de força tão tênues que certos artistas, cuja obra registra isolados ápices criativos, perdem o pé na fluência do processo, e acabam, de uma forma ou de outra, morfinizados pela nostalgia do jogo sem imprevistos, produzindo uma arte de senectude cujo álibi é o descanso remunerado e que vive às expensas dos dividendos menstruais das chamadas "peças antológicas". No entanto, o "Canto 85" de Ezra Pound, publicado em *The Hudson Review* (vol. VII, n. 4, Winter, 1955), é uma arrancada qualitativa na obra em progresso do poeta septuagenário[5].

Não é sem motivo que o "olho de Medusa" da crítica – de uma certa crítica, pelo menos – tão incisivamente descrito por Sartre, encontra entre nós campo fácil para suas incursões petrificantes: há qualquer coisa de funerário nos paraísos perdidos. A palavra "mestre", no jargão de muitos militantes de rodapé, soa, como nenhuma outra, a dobre de finados.

---

4. Sartre, cuja concepção do homem total – "totalmente alistado e totalmente livre" – é um ponto de partida lúcido para o escritor *engagé*, é o primeiro a advertir que, "na literatura alistada, o alistamento não deve, em caso algum, fazer esquecer a literatura e que nossa preocupação deve ser a de servir a literatura, infundindo-lhe um sangue novo, ao mesmo tempo que servir a coletividade, procurando dar-lhe a literatura que lhe convém" (*Situations II*, Paris, Gallimard, p. 30). A questão pode ir mais longe, e escapa ao âmbito deste artigo. Lembremos, apenas, como termo para uma futura discussão, que é o próprio Sartre quem dá à poesia uma situação especial, falando da "tolice que seria o exigir-se um alistamento poético" (*op. cit.*, p. 69) e definindo a "atividade poética" como a que "considera as palavras como coisas e não como signos" (*op. cit.*, p. 65).

5. É de se notar, desde logo no "Canto 85" de Ezra Pound, o uso mais acentuado do que antes do ideograma em si (não a técnica, mas a pictografia), com função semafórica de grupos de ideias. O *bring to focus* – "trazer ao foco" – agindo não apenas verbalmente, mas oticamente. O efeito "aural" do chinês é também utilizado, o que só raramente ocorre nos Cantos anteriores: "The sheltered grass hopes, *chueh*, cohere. (No, that is not philological)".

A arte é uma coisa viva. "Art is a joyous thing", disse Pound. Uma coisa alegre. É tempo de libertar a obra de arte criativa da tralha de matracas e da mística do pecado original com que o conformismo das estéticas "paradisíacas" procura ferreteá-la para garantia da salubridade convencionada de suas estâncias de ócio fungível: "intelectualismo", "formalismo" e outros tantos falsos pejorativos, "lendas dessuetas" na expressão de Boulez, que epitomiza o "papel interpenetrado da sensibilidade e da inteligência em toda criação" com palavras que precisam ser meditadas:

Último resíduo do romantismo, concebem-se sempre as pesquisas teóricas como um ciclo fechado, não coincidente com as criações propriamente ditas, como já mencionamos. Desembaracemo-nos dessa lenda dessueta: não pode ser assim, sob pena de asfixia mortal. Uma lógica conscientemente organizadora não é independente da obra, mas contribui para criá-la, está ligada a ela em um circuito reversível; pois é a necessidade de precisar o que se quer chegar a exprimir que traz a evolução da técnica; esta reforça a imaginação que se projeta, então, para o não percebido, e assim, em um perpétuo jogo de espelhos, se processa a criação; organização viva e vivida, fazendo possíveis todas as aquisições, enriquecendo-se a cada nova experiência, completando-se, modificando-se, mudando mesmo de acentuação.

"Colher no ar uma tradição viva" é culturmorfologia aplicada à poesia. Assim o fez Pound delimitando o campo de forças que serviu de base a sua obra, que ilumina o meio século. O músico contemporâneo que provê, no mesmo sentido, as necessidades de sua sensibilidade criativa integra-se, também, conscientemente, no processo. Não é muito esperar do intelectual brasileiro, em 1955, que pondere essa dialética.

a obra de arte aberta*
HAROLDO DE CAMPOS

Para objetivar o que, numa postulação voluntariamente "drástica", no sentido pragmático-utilitário que assume a teorização poundiana, poder-se-ia definir como o campo vetorial da arte poética do nosso tempo, de cuja conjunção de linhas de força resultantes previsíveis e outras imprevistas podem surgir à solicitação do labor criativo, bastaria indicar como eixos radiais as obras de Mallarmé (*Un Coup de Dés*), Joyce, Pound e Cummings.

Sem ingresso em profundidade nos múltiplos problemas que a simples menção conjugada desses nomes suscita ao limiar do experimento poético de nossos dias, será suficiente indicar alguns dos vetores da precipitação culturmorfológica que suas obras acarretam.

A concepção de estrutura pluridividida ou capilarizada que caracteriza o poema-constelação mallarmeano, liquidando a noção de desenvolvimento linear seccionado em princípio-meio-fim, em prol

---

* Publicado originalmente no *Diário de S. Paulo*, 3.7.1955; republicado no *Correio da Manhã*, Rio de Janeiro, 28.4.1956. Uma primeira versão da tradução, por Augusto de Campos, do poema "r-p-o-p-h-e-s-s-a-g-r" apareceu no livro *10 Poemas* de E. E. Cummings, Rio de Janeiro, Serviço de Documentação, MEC, 1960. A segunda versão do texto, definitiva, veio a ser incluída neste livro em 1965. Revista graficamente na última edição, é agora re-revista pelo autor, para melhor ajustar-se às rigorosas prescrições da "tortografia" cummingsiana.

de uma organização circular da matéria poética, torna perempta toda relojoaria rítmica que se apoie sobre a *rule of thumb* do hábito metrificante. Dessa verdadeira rosácea verbal que é o *Un Coup de Dés* emerge, como elemento primordial de organização rítmica, o silêncio, aquele silêncio que é, para Sartre, "um momento da linguagem" e que, "como a pausa, em música, recebe seu sentido dos grupos de notas que o cercam", permitindo-nos dizer da poesia o que Pierre Boulez afirmou da música em "Homenagem a Webern": "é uma verdade das mais difíceis de pôr em evidência que a música não é somente a *arte dos sons*, mas que ela se define melhor por um contraponto do som e do silêncio".

Também o universo joyciano evoluiu – dentro do quadro de sua própria obra[1] e ao influxo da concepção bergsoniana da *durée* – a partir de um desenvolvimento linear no tempo, para o espaço-tempo ou contenção do todo na parte ("allspace in a notshall" – *nutshell*, casca de noz), adotando como organograma do *Finnegans Wake* o círculo vico-vicioso.

Se ao primeiro corresponde uma noção visual do espaço gráfico, servida pela notação prismática da imaginação poética, em fluxos e refluxos que se deslocam como elementos de um móbile, utilizando o silêncio como Calder o ar, a Joyce se prende a materialização do "fluxo polidimensional e sem fim" – que é a *durée réelle*, o *riverrun – élan-vital* – o que o obriga a uma verdadeira atomização da linguagem, onde cada unidade "verbivocovisual" é ao mesmo tempo continente-conteúdo da obra inteira, *myriadminded* no instante.

---

1. Ou, para nos servirmos das expressões de Adelheid Obradovic, em *Die Behandlung der Räumlichkeit im spaeteren Werk des James Joyce,* Marburg, 1934, p. 11: a) "Nacheinander ohne Durchdringung" – "uma parte após a outra sem interpenetração" (estrutura do *Portrait of the Artist as a Young Man*); b) "Nebeneinander ohne Durchdringung" – "uma parte justaposta à outra, sem interpenetração" (*Ulysses*); c) "Durchdringung" – "interpenetração" orgânica (*Ulysses*, desde o monólogo silencioso de Molly Bloom e *Finnegans Wake*).

Mallarmé pratica a redução fenomenológica do objeto poético. O *eidos* – "Un Coup de Dés jamais n'abolira le hasard" – é atingido através da elipse dos temas periféricos à "coisa em si" do poema, sucedendo porém, na estrutura da obra, o que Husserl assinala em relação a seu método: "O colocado entre parêntesis não é apagado da tábua fenomenológica, mas colocado simplesmente entre parêntesis e afetado por um índice. Porém, com este, entra no tema capital da investigação"[2].

Joyce é levado à microscopia pela macroscopia, enfatizando o detalhe – *panorama/panaroma* – a ponto de conter todo um cosmos metafórico numa só palavra. Donde o poder dizer-se do *Finnegans* que retém a propriedade do círculo, da equidistância de todos os pontos em relação ao centro: a obra é porosa à leitura, por qualquer das partes através das quais se procure assediá-la.

Para Cummings a palavra é fóssil. O poema cummingsiano tem como elemento fundamental a "letra"; a sílaba já é, para seus propósitos, um material complexo. A "modéstia tática" dessa atitude poética é semelhante à de Webern: interessado na palavra a partir do próprio fonema, orienta-se para uma forma poética *aberta*, embora a risco de esgotar-se no poema-minuto, frente aos percalços duma sintaxe ainda experimental. Como anota Fano a propósito das primeiras obras de Webern, são:

> Organizações curtas materializando um *possível* e concluindo à eventualidade de novas transformações. Procedimento catalítico pelo qual certos elementos de base determinam as desintegrações e coagulações dum material que se transforma, sem serem eles mesmos afetados[3].

---

2. Husserl, *Ideas Relativas a una Fenomenología Pura y una Filosofía Fenomenológica*, México, Fondo de Cultura Económica, p. 169.
3. Michel Fano, "Pouvoirs transmis", *La Musique et ses Problèmes Contemporains*, Cahier de la Compagnie Madeleine Renaud-Jean Louis Barrault, Julliard, 1954, p. 40.

                        r-p-o-p-h-e-s-s-a-g-r
                    who
        a)s w(e loo)k
        upnowgath
                    PPEGORHRASS
                                    eringin(o-
        aThe):l
            eA
                !p:
        S   a
                        (r
        rIvInG   .gRrEaPsPhOs)
                                            to
        rea(be)rran(com)gi(e)ngly
        ,grasshopper;

                            o-h-o-t-n-a-f-g-a
                    que
        s)e e(u olh)o
        paraoaltor
                    HOTGOAFAN
                                eunindose(n-
        umEle:s
                aL
                    !t:
        A   c
                        (h
        eGaNdO   .gOaTfOaNh)
                                            a
        recom(tor)pon(n)d(ar-se)o
        ,gafanhoto;

Estrutura *aberta* oferecem também os *Cantos* de Ezra Pound, em particular os "Pisanos", que, organizados pelo método ideogrâmico, permitem uma perpétua interação de blocos de ideias que se criticam reciprocamente, produzindo uma soma poética cujo princípio de composição é gestaltiano, como já observou James Blish, em "Rituais em Torno de Ezra Pound"[4].

Tendo à sua disposição um léxico que se enriqueceu com conquistas desde os simbolistas até os surrealistas, e sua recíproca, a "definição precisa" de Pound, o verbo poético compreendido à luz duma arte de "essências e medulas"; tendo à sua frente uma sintaxe estrutural cujas perspectivas revolucionárias foram palidamente aqui evocadas, o poeta contemporâneo não pode sentir-se envolvido por melancolias bizantinas de constantinoplas caídas, nem polipizar-se à margem do processo culturmorfológico que o convida à aventura criativa.

Pierre Boulez, em conversa com Décio Pignatari, manifestou o seu desinteresse pela obra de arte "perfeita", "clássica", do "tipo diamante", e enunciou a sua concepção da *obra de arte aberta*, como um "barroco moderno".

Talvez esse neobarroco, que poderá corresponder intrinsecamente às necessidades culturmorfológicas da expressão artística contemporânea, atemorize, por sua simples evocação, os espíritos remansosos, que amam a fixidez das soluções convencionais.

Mas esta não é uma razão "cultural" para que nos recusemos à tripulação de Argos. É, antes, um estímulo no sentido oposto.

---

4. *The Sewanee Review*, vol. LVIII, n. 2, Spring, 1950, p. 196.

poesia concreta*
AUGUSTO DE CAMPOS

Em sincronização com a terminologia adotada pelas artes visuais e, até certo ponto, pela música de vanguarda (concretismo, música concreta), diria eu que há uma poesia *concreta*. Concreta no sentido em que, postas de lado as pretensões figurativas da expressão (o que não quer dizer: posto à margem o significado), as palavras nessa poesia atuam como objetos autônomos. Se, no entender de Sartre, a poesia se distingue da prosa pelo fato de que para esta as palavras são signos enquanto para aquela são *coisas*, aqui essa distinção de ordem genérica se transporta a um estágio mais agudo e literal, eis que *os poemas concretos* caracterizar-se-iam por uma estruturação ótico-sonora irreversível e funcional e, por assim dizer, geradora da ideia, criando uma entidade todo-dinâmica, "verbivo-

---

* Publicado originalmente em *Forum*, órgão oficial do Centro Acadêmico "22 de Agosto", da Faculdade Paulista de Direito, ano I, n. III, outubro de 1955. Na publicação, ao lado dos poemas citados, o autor acrescentou (diante da impossibilidade de incluir uma das composições da série "poetamenos", devido ao alto custo da impressão em cores) a seção X (final) do seu poema "Ad Augustum per Angusta", preferindo não comentar o seu próprio trabalho. Não muito depois, três poemas daquela série foram apresentados no espetáculo organizado pelo grupo musical Ars Nova, a quatro vozes e com projeção simultânea dos respectivos *slides*, no Teatro de Arena, de São Paulo, em 21 de novembro e 5 de dezembro de 1955. Na ocasião, e sob o mesmo título, *Poesia Concreta*, o poeta leu um texto sobre suas criações (cf. revista *Código*, n. 11, Salvador, Bahia, 1986, onde foi divulgado).

covisual" – é o termo de Joyce – de palavras dúcteis, moldáveis, amalgamáveis, à disposição do poema.

Como processo consciente, pode-se dizer que tudo começou com a publicação de *Un Coup de Dés* (1897), o "poema-planta" de Mallarmé, a organização do pensamento em "subdivisões prismáticas da Ideia", e a espacialização visual do poema sobre a página. Com James Joyce, o autor dos romances *Ulysses* (1914-1921) e *Finnegans Wake* (1922-1939), e sua "técnica de palimpsesto", de narração simultânea através de associações sonoras. Com Ezra Pound e *The Cantos*, poema épico iniciado por volta de 1917, e onde o poeta trabalha há quarenta anos, empregando o seu método ideogrâmico, que permite agrupar coerentemente, como um mosaico, fragmentos de realidade díspares. Com E. E. Cummings, que desintegra as palavras, para criar com suas articulações uma dialética de olho e fôlego, em contato direto com a experiência que inspirou o poema.

No Brasil, o primeiro a sentir esses novos problemas, pelo menos em determinados aspectos, é João Cabral de Melo Neto. Um arquiteto do verso, Cabral constrói seus poemas como que a lances de vidro e cimento. Em *Psicologia da Composição*, com a "Fábula de Anfion" e "Antiode" (1946-1947), atinge a maturidade expressiva, já prenunciada em *O Engenheiro*.

> Flor é a palavra
> flor, verso inscrito
> no verso, como
> manhãs no tempo

diz ele em "Antiode", e nada mais faz do que teoria da poesia concreta.

"O Jogral e a Prostituta Negra" (1949) é outro salto construtivo de vanguarda, desta vez logrado por um novíssimo, Décio Pignatari. Neste poema, Pignatari lança mão de uma série de recursos "concretos" de composição: cortes, tmeses, "palavras-cabide" [isto é, montagens de palavras, possibilitando a simultaneidade de sentidos: al(gema negra)cova = alcova, algema, gema negra, negra cova], todos eles convergindo para a temática que é a do poeta torturado pela angústia da expressão. É a dúvida hamletiana aplicada ao poeta e à palavra poética: até que ponto ela exprime ou deixa de exprimir, "vela ou revela"? E eis o poeta, *clown*-sacerdote a compor de cartilagens e moluscos a poesia-prostituta negra-*hasard* que aqui – como o "mudaria o Natal ou mudei eu?" do soneto de Machado de Assis – explode em um único verso: "cansada cornucópia entre festões de rosas murchas".

Haroldo de Campos é, por assim dizer, um "concreto" barroco, o que o faz trabalhar de preferência com imagens e metáforas, que dispõe em verdadeiros blocos sonoros. Nos fragmentos de "Ciropédia ou a Educação do Príncipe" (1952), aqui apresentados, merece menção o especial uso das palavras-compostas, buscando converter a ideia em ideogramas verbais de som.

o jogral e a prostituta negra
farsa trágica

décio pignatari

Onde eras a mulher deitada, depois
dos ofícios da penumbra, agora
és um poema:

Cansada cornucópia entre festões de rosas murchas.

É à hora carbôni-
ca e o sol em mormaço
entre sonhando e insone.

A legião dos ofendidos demanda
tuas pernas em M,
silenciosa moenda do crepúsculo.

É a hora do rio, o grosso rio que lento flui
flui pelas navalhas das persianas,
rio escuro. Espelhos e ataúdes
em mudo desterro navegam:
Miras-te no esquife e morres no espelho.
Morres. Intermorres.
Inter (ataúde e espelho) morres.

Teu lustre em volutas (polvo
barroco sopesando sete
laranjas podres) e teu leito de chumbo
têm as galas do cortejo:

Tudo passa neste rio, menos o rio.

Minérios, flora e cartilagem
acodem com dois moluscos
murchos e cansados,
para que eu te componha, recompondo:

Cansada cornucópia entre festões de rosas murchas.

(Modelo em repouso. Correm-se as mortalhas das
persianas. Guilhotinas de luz lapidam o teu dorso em
rosa: tens um punho decepado e um seio bebendo
na sombra. Inicias o ciclo dos cristais e já cintilas).

Tua al(gema negra)cova assim soletrada em câmara lenta, levantas a fronte e propalas:
"Há uma estátua afogada…" (Em câmara lenta! – disse).
"Existe uma está-
tua afogada e um poeta feliz(ardo
em louros!). Como os lamento e
como os desconheço!
Choremos por ambos."

Choremos por todos – soluço, e entoandum
litúrgico impropério a duas vozes
compomos um simbólico epicédio AAquela
que deitada era um poema e o não é mais.

Suspenso o fôlego, inicias o grande ciclo
subterrâneo de retorno
às grandes amizades sem memória
e já apodreces:

Cansada cornucópia entre festões de rosas murchas.

(1949, em *O Carrossel*, 1950)

ciropédia ou a educação do príncipe [fragmentos]

haroldo de campos

You find my words dark. Darkness is in our souls, do you not think?
                                                    James Joyce

1

A Educação do Príncipe em Agedor começa por um cálculo ao coração. Jogam-se os dados, puericultura do acaso e se procura aquela vértebra cervical de formato de estrela ou as filacteras enroladas no antebraço direito: sinal certo do amor.

Em Agedor o Príncipe é um operário do azul: de suas mãos edifica – infância – as galas do cristal e doura o andaime das colmeias: paz de câmaras ardentes.

O Preceptor – Meisterludi – dá o tema: rigor! As matemáticas: cáries de uma série gelada. Linguamortas: oblivion sagrando a raiz dos árias: ars. Língua-vivas: amor.

O Príncipe, desde criança, é um aluno do instinto. Saúda as antenas dos insetos. Ave! às papilas papoulas e à clorofila – salve! tornassol das espécies sensíveis.

Helianto, doutor solar, sol honorário, o tropismo te ensina a graça das elipses? Ó inferno-afélio do langue heliotropo!
Térmitas: dii inferi!

Ele orienta as abelhas. Ele irisa as libélulas. Ele entra o palácio dos corais e suspende os candelabros.

À hora dos deméritos o Mestre diz: Rigor!

Infância do Príncipe: água de que se fartam infinitas crianças.

2

O Príncipe aprende a equitação do verbo. As palavras ócio e amor nada significam em Agedor – pois significam tudo.

Impúbere, ele pensa: a pluma o pajem
As aias – coro de vozes – baixelas de seu banquete.

Em Agedor, o Tempo – diz-se – Camaleão melancólico/distende a língua e colhe um inseto de bronze.

3
Núpcias Paranúpcias Pronúpcias.

A Educação do Príncipe atinge a sua crise noturna.

Congregação de rubis, a puberdade instaura a missa rubra.

Ele admira as grutas, apalpa as volutas cornucópias, contorna o maralmíscar das sereias.

A Geometria Plana? – Júpiter Tetraedro de quadradas espáduas?

– Drósera rotundifólia, amálgama de sílabas cardeais.

Labilíngue, ele diz: amor – larva do beijo, ninfa nibelung dum ciclo
 de legendas.

Meisterludi: Rigor!

Cobiça as galáxias-estrelas, doutora-se em lânguidas palavras: licornes libidinosos e glúteas obsidianas. Luz púrpura.

Em Agedor chega-se à idade por uma súbita coloração roxa sob as unhas.
. . . .

(1952, em *Noigandres*, 2, 1955)

arte concreta: objeto e objetivo*
DÉCIO PIGNATARI

Pela primeira vez, os concretistas brasileiros têm a oportunidade de se reunir como presença imediata de realizações e como postulação de princípios.

O concretismo visual já fez suas primeiras provas, circula, se apura no debate saneador, leva avante o qualitativo rigoroso baseado na informação e na consciência crítica.

A poesia concreta, depois de um período mais ou menos longo de pesquisas – para determinar os planos de clivagem de sua mecânica interna (Mallarmé, *Un Coup de Dés* – Pound – Joyce – Cummings – algumas experiências dadaístas e futuristas – algumas postulações de Apollinaire) –, entra na sua fase polêmica. A mostra de poesia concreta tem um caráter quase didático: fases da evolução formal, passagem do verso ao ideograma, do ritmo linear ao ritmo espaço-temporal: novas condições para novas estruturações da linguagem, esta relação de elementos verbivocovisuais – como diria Joyce.

Uma das principais características do concretismo é o problema do movimento, estrutura dinâmica, mecânica qualitativa. E não se

* Publicado originalmente na revista *ad – arquitetura e decoração*, n. 20, São Paulo, novembro/dezembro de 1956; republicado no *Correio da Manhã*, Rio de Janeiro, 6.2.1957, e no "Suplemento Dominical" do *Jornal do Brasil*, Rio de Janeiro, 21.4.1957.

estranhe falar aqui em "mecânica": já Norbert Wiener (*Cybernetics: The Human Use of Human Beings*) nos adverte do equívoco e do inútil saudosismo individualista de tratar pejorativamente tudo o que é mecânico. Isto nos leva às relações entre geometria e pintura geométrica: a pintura geométrica está para a geometria como a arquitetura está para a engenharia. A lógica do olho é sensível e sensorial, artística; a da geometria, conceitual, discursiva, científica enfim. Nem foi por outro motivo que, em número anterior desta publicação e neste mesmo lugar, o arquiteto Eduardo Corona lembrava a necessidade de um contato mais estreito dos arquitetos com as artes visuais, como a pintura e o desenho: "O aprendizado dessas artes deveria ser levado muitíssimo a sério em nossas Faculdades, para formar arquitetos mais completos, mais conhecedores da Arte, enfim".

Por outro lado, os concretistas também sentem a urgência de um contato mais íntimo com a arquitetura: o fato de vários deles serem – quando não arquitetos ou estudantes de arquitetura – decoradores, paisagistas ou desenhistas de esquadrias – atividades ligadas à arte arquitetônica – atesta essa necessidade e essa urgência, se já não bastasse, por si mesma, a sua presença numa revista de arquitetura e decoração. Quanto à poesia, ela não está alheada da questão, como pode parecer à primeira vista: os aparentamentos isomórficos das diversas manifestações artísticas nunca serão um tema de somenos. Abolido o verso, a poesia concreta enfrenta muitos problemas de espaço e tempo (movimento) que são comuns tanto às artes visuais como à arquitetura, sem esquecer a música mais avançada, eletrônica. Além disso, por exemplo, o ideograma, monocromo ou em cores, pode funcionar perfeitamente numa parede, interna ou externa.

Finalmente, cumpre assinalar que o concretismo não pretende alijar da circulação aquelas tendências que, por sua simples existência, provam sua necessidade na dialética da formação da cultura. Ao contrário, a atitude crítica do concretismo o leva a absorver as preocupações das demais correntes artísticas, buscando superá-las pela empostação coerente, objetiva, dos problemas. Todas as manifestações visuais o interessam: desde as inconscientes descobertas na fachada de uma tinturaria popular, ou desde um anúncio luminoso, até à extraordinária sabedoria pictórica de um Volpi, ao poema máximo de Mallarmé ou às maçanetas desenhadas por Max Bill, na Hochschule für Gestaltung, em Ulm.

nova poesia: concreta (manifesto)*

DÉCIO PIGNATARI

o verso: crise.   obriga o leitor de manchetes (simultaneidade) a uma atitude postiça.   não consegue libertar-se dos liames lógicos da linguagem: ao tentar fazê-lo, discursa adjetivos.   não dá mais conta do espaço como condição de nova realidade rítmica, utilizando-o apenas como veículo passivo, lombar, e não como elemento relacional de estrutura.   antieconômico, não se concentra, não se comunica rapidamente.   destruiu-se na dialética da necessidade e uso históricos.   este é apenas o golpe de misericórdia da consciência crítica: o primeiro já fora dado, de fato, por mallarmé, há sessenta anos atrás – §un coup de dés§.

>   américa do sul
>   américa do sol
>   américa do sal   OSWALD DE ANDRADE

uma arte geral da linguagem.   propaganda, imprensa, rádio, televisão, cinema.   uma arte popular.

* Publicado originalmente na revista *ad – arquitetura e decoração*, n. 20, São Paulo, novembro/dezembro de 1956; republicado no "Suplemento Dominical" do *Jornal do Brasil*, Rio de Janeiro, 5.5.1957.

a importância do olho na comunicação mais rápida: desde os anúncios luminosos até às histórias em quadrinhos.   a necessidade do movimento.   a estrutura dinâmica.   o ideograma como ideia básica.

   esto visibile parlare,
    novello a noi perchè qui non si trova. DANTE, purg., x, 95

contra a poesia de expressão, subjetiva.   por uma poesia de criação, objetiva.   concreta, substantiva.   a ideia dos inventores, de ezra pound.
o livro de ideogramas como um objeto poético, produto industrial de consumação.   feito a máquina.   a colaboração das artes visuais, artes gráficas, tipográficas.   a série dodecafônica (anton webern) e a música eletrônica (boulez, stockhausen).   o cinema.   pontos de referência.

    a rose is a rose is a rose is a rose GERTRUDE STEIN

com a revolução industrial, a palavra começou a descolar-se do objeto a que se referia, alienou-se, tornou-se objeto qualitativamente diferente, quis ser a palavra §flor§ sem a flor.   e desintegrou-se ela mesma, atomizou-se (joyce, cummings).   a poesia concreta realiza a síntese crítica, isomórfica: §jarro§ é a palavra jarro e também jarro mesmo enquanto conteúdo, isto é, enquanto objeto designado.   a palavra jarro é a coisa da coisa, o jarro do jarro, como §la mer dans la mer§.   isomorfismo.

   o elevador subiu aos céus, ao nono andar,
   o elevador desce ao subsolo,
   termômetro das ambições.
    o açúcar sobe.
    o café sobe.
     os fazendeiros vêm do lar. MÁRIO DE ANDRADE

a poesia concreta acaba com o símbolo, o mito.   com o mistério.   o mais lúcido trabalho intelectual para a intuição mais clara.   acabar com as alusões.   com os formalismos nirvânicos da poesia pura.   a beleza ativa, não para a contemplação.   para nutrir o impulso, pound.   no máximo: ser raro e claro, como disse o último fernando pessoa.   criar problemas justos e resolvê-los em termos de linguagem sensível.

o olhouvido ouvê.

tática: joyce, cummings, apollinaire (como visão, não como realização), morgenstern, kurt schwitters.   estratégia: mallarmé, pound (junto com fenollosa, o ideograma).

> parean l'occhiaie anella sanza gemme:
> chi nel viso delli uomini legge OMO
> ben avrìa quivi conosciuta l'emme.   DANTE, purg., xxiii, 31

> o oco dos olhos como anel sem gema:
> quem julga ler, no rosto humano, OMO
> aqui veria facilmente o eme.

a técnica de manchetes e §un coup de dés§.   calder e §un coup de dés§.   mondrian, a arquitetura, e joão cabral de melo neto.   joyce e o cinema.   eisenstein e o ideograma.   cummings e paul klee.   webern e augusto de campos.   a psicologia da gestalt.
§o pensamento poético é essencialmente figurado.   ele nos põe sob os olhos não a essência abstrata dos objetos, mas a sua realidade concreta.§   hegel.

ideograma crítico nacional:

(títulos de livros   *praia oculta*
de poemas publi-   *claro enigma*
cados nos últimos   *narciso cego*
seis anos)   *a obscura efígie*

o poema é forma e conteúdo de si mesmo, o poema é. a ideia-
-emoção faz parte integrante da forma, vice-versa. ritmo: força relacional.

renunciando à disputa do absoluto, ficamos no campo magnético do relativo perene. a cronomicrometragem do acaso, o controle, a cibernética. a escolha simplesmente humana de uma palavra, ponto-evento. o fim do claro-escuro, dos botões da sensibilidade apertados na penumbra. o ideograma regulando-se a si mesmo. feedback. produzindo novas emoções e novo conhecimento.

nádegas de cristal, órrosa. o jargão lírico do pós-guerra. vegetativo, reacionário. joão cabral não fez outra coisa senão combater, didático, lúcido,

    todas as fluidas
    flores da pressa;
    todas as úmidas
    flores do sonho.

fundar uma tradição do rigor. volpi. para que o artista brasileiro não decaia depois dos quarenta.

a presente exposição: quase didática. transição do verso ao ideograma.

poesia concreta (manifesto)*
AUGUSTO DE CAMPOS

— a poesia concreta começa por assumir uma responsabilidade total perante a linguagem: aceitando o pressuposto do idioma histórico como núcleo indispensável de comunicação, recusa-se a absorver as palavras como meros veículos indiferentes, sem vida sem personalidade sem história – túmulos-tabu com que a convenção insiste em sepultar a ideia.
— o poeta concreto não volta a face às palavras, não lhes lança olhares oblíquos: vai direto ao seu centro, para viver e vivificar a sua facticidade.
— o poeta concreto vê a palavra em si mesma – campo magnético de possibilidades – como um objeto dinâmico, uma célula viva, um organismo completo, com propriedades psico-físico-químicas, tato antenas circulação coração: viva.
— longe de procurar evadir-se da realidade ou iludi-la, pretende a poesia concreta, contra a introspecção autodebilitante e contra o realismo simplista e simplório, situar-se de frente para as coisas, aberta, em posição de realismo absoluto.

* Publicado originalmente na revista *ad – arquitetura e decoração*, n. 20, São Paulo, novembro/dezembro de 1956; republicado no "Suplemento Dominical" do *Jornal do Brasil*, Rio de Janeiro, 12.5.1957.

- o velho alicerce formal e silogístico-discursivo, fortemente abalado no começo do século XX, voltou a servir de escora às ruínas de uma poética comprometida, híbrido anacrônico de coração atômico e couraça medieval.
- contra a organização sintática perspectivista, onde as palavras vêm sentar-se como "cadáveres em banquete", a poesia concreta opõe um novo sentido de estrutura, capaz de, no momento histórico, captar, sem desgaste ou regressão, o cerne da experiência humana poetizável.
- mallarmé (*un coup de dés* – 1897), joyce (*finnegans wake*), pound (*cantos* – ideograma), cummings e, num segundo plano, apollinaire (*calligrammes*) e as tentativas experimentais futuristas-dadaístas estão na raiz do novo procedimento poético, que tende a impor-se à organização convencional cuja unidade formal é o verso (livre inclusive).
- o poema concreto ou ideograma passa a ser um campo relacional de funções.
- o núcleo poético é posto em evidência não mais pelo encadeamento sucessivo e linear de versos, mas por um sistema de relações e equilíbrios entre quaisquer partes do poema.
- funções-relações gráfico-fonéticas ("fatores de proximidade e semelhança") e o uso substantivo do espaço como elemento de composição entretêm uma dialética simultânea de olho e fôlego, que, aliada à síntese ideogrâmica do significado, cria uma totalidade sensível "verbivocovisual", de modo a justapor palavras e experiência num estreito colamento fenomenológico, antes impossível.
- POESIA CONCRETA: TENSÃO DE PALAVRAS-COISAS NO ESPAÇO-TEMPO.

olho por olho a olho nu (manifesto)*

HAROLDO DE CAMPOS

uma arte – não q apresente – mas q presentifique
      o OBJETO
uma arte inobjetiva?   não
      : OBJETAL
qdo o OBJETO mentado não é o OBJETO expresso, a expressão tem uma cárie

      LOGO:
falidos os meios tradicionais de ataque ao OBJETO
(língua de uso cotidiano ou de convenção literária)
um(a) novo(a) meio(língua)   de ataque direto à
      medula desse
      OBJETO
POESIA CONCRETA: atualização "verbivocovisual"
      do
      OBJETO virtual

* Publicado originalmente na revista *ad – arquitetura e decoração*, n. 20, São Paulo, novembro/dezembro de 1956; republicado no "Suplemento Dominical" do *Jornal do Brasil*, Rio de Janeiro, 28.4.1957.

DADOS:
>> a palavra tem uma dimensão GRÁFICO-ESPACIAL
>> uma dimensão ACÚSTICO-ORAL
>> uma dimensão CONTEUDÍSTICA
> agindo sobre os comandos da palavra nessas 3 dimensões 3

a

POESIA CONCRETA assedia
>> o OBJETO mentado em suas plurifacetas: previstas ou imprevistas: veladas ou reveladas: num jogo de espelhos *ad infinitum* em q essas 3 dimensões 3 se mútuo-estimulam num circuito reversível libertas dos amortecedores do idioma de comunicação habitual ou de convênio livresco

uma
NOVA ARTE de expressão
>> exige uma ótica, uma acústica, uma sintaxe, morfologia e léxico (revisados a partir do próprio fonema)
>> NOVOS

PAIDEUMA
elenco de autores culturmorfologicamente atuantes no momento histórico = evolução qualitativa da expressão poética e suas táticas:

> POUND – método ideogrâmico
> léxico de essências e medulas (definição precisa)
> JOYCE – método de palimpsesto
> atomização da linguagem (palavra-metáfora)
> CUMMINGS – método de pulverização fonética
> (sintaxe espacial axiada no fonema)

MALLARMÉ – método prismográfico (sintaxe espacial axiada nas "subdivisões prismáticas da ideia")
e pq NÃO os FUTURISTAS? – "processo de luz total" contra
    os DADAÍSTAS? – o *black-out* da história: –
v a l i d a ç ã o
do contingente positivo desses "ismos" em função da
expressão poética OBJETAL ou CONCRETA
neotipografia, "paroliberismo", imaginação sem fio,
simultaneísmo, sonorismo etc. etc.
                etc. etc.
                e
                m
FUNÇÃO de uma   NÃO
apenas psicologia   MAS
fenomenologia
    da   composição
POESIA CONCRETA =
poesia posicionada no mirante culturmorfológico ao lado da
        PINTURA CONCRETA
        MÚSICA CONCRETA
guardando as diferenças relativas mas – não se trata da miragem da obra de arte total – compreendendo as necessidades comuns à expressão artística
        CONTEMPORÂNEA
PROGRAMA:
o POEMA CONCRETO aspira a ser: composição de elementos básicos da linguagem, organizados ótico-acusticamente no espaço gráfico por fatores de proximidade e semelhança, como uma espécie de ideograma para uma dada emoção, visando à apresentação direta – presentificação – do objeto.

a POESIA CONCRETA é a linguagem adequada à mente criativa contemporânea
permite a comunicação em seu grau + rápido
prefigura para o poema uma reintegração na vida cotidiana semelhante à q o BAUHAUS propiciou às artes visuais: quer como veículo de propaganda comercial (jornais, cartazes, TV, cinema etc.), quer como objeto de pura fruição (funcionando na arquitetura, p. ex.), com campo de possibilidades análogo ao do objeto plástico
substitui o mágico, o místico e o *maudit* pelo ÚTIL

TENSÃO para um novo mundo de formas
VETOR

para

o

FUTURO

evolução de formas: poesia concreta*
HAROLDO DE CAMPOS

A poesia, como invenção de formas, sente as mesmas premências que as outras artes afins: música e pintura. A melodia na música, a figura na pintura, o discursivo-conteudístico-sentimental na poesia são fósseis gustativos que nada mais dizem à mente criativa contemporânea.

Os críticos formalistas russos, a partir de 1918, já visualizaram com agudeza o problema, substituindo o binômio forma(fôrma)-conteúdo, de acentuado pendor parnasiano, por *material* e *procedimento*, o que implicava situar analogicamente a poesia e as outras artes: enquanto o material na música eram os sons, na pintura as formas de visualidade, na poesia – afirmavam os formalistas – o material era dado pelas palavras. Os formalistas rejeitam o conceito idealista de imagem como conteúdo da obra de arte, substituindo-o radicalmente pela palavra como único e exclusivo material da poesia. V. Schklóvski: "A obra literária é forma pura; não é simplesmente uma coisa, um material, mas uma relação de materiais". E. Lo Gatto (A *Estética e a Poética na Rússia*): para os formalistas, "o conteúdo – e assim mesmo somente no sentido de material – é o elemento implícito daquele que é o elemento explícito da cria-

* Publicado originalmente no "Suplemento Dominical" do *Jornal do Brasil*, Rio de Janeiro, 13.1.1957.

ção, i. é: o procedimento (*priom*)". Jan Mukarovsky (seguidor dessas ideias na escola crítica tcheca "Círculo Linguístico de Praga") afirma (1928):

> Não estamos interessados na conexão entre a obra e seu autor, ou entre a realidade externa e o tema do poema. Olhamos para a obra de arte como algo que existe por seu próprio direito, com todos os seus elementos formando parte integral de uma estrutura unificada. Visto assim, o poema assume o aspecto de um complexo de partes equilibradas, nenhuma das quais é mais importante do que as restantes. A distinção tradicional entre conteúdo e forma é substituída por outra, mais acurada, entre a forma e o material empregado. Por *material*, entendemos tudo o que entra na obra e deve ser organizado pelo artista, a saber: os elementos linguísticos, ideias, sentimentos, eventos etc., enquanto *forma* para nós é a maneira pela qual o escritor manipula esse material para produzir o efeito artístico visado.

(*Nota: forma*, aqui, equivale, obviamente, ao que os antecessores russos de Mukarovsky denominavam *procedimento*.) Sartre pensava certamente nessas teorias quando escreveu (*Situations II*, "O que É a Literatura?"):

> O império dos signos é a prosa; a poesia fica ao lado da pintura, da escultura e da música. [...] o poeta se descartou, de um só golpe, da linguagem-instrumento; ele escolheu de uma vez por todas a atitude poética que considera as palavras como *coisas* e não como *signos* [...] as palavras-coisas se agrupam por associações mágicas de conveniência e inconveniência, como as cores e os sons, se atraem, se repelem, se inflamam e sua associação compõe a verdadeira unidade poética que é a frase-objeto [...] se é assim, compreender-se-á facilmente a tolice que seria reclamar um engajamento, poético.

V. M. Jirmúnski (1928):

Enquanto que uma poesia lírica é efetivamente uma obra de arte verbal, na escolha e reunião das palavras, de todo submissas, seja do lado da ideia, seja do lado sonoro, à realização estética, um romance de Tolstói, livre na sua composição verbal, se serve da palavra não como um elemento de influência artisticamente significativo, mas como um meio neutro ou um sistema de indicações submissas – da mesma forma que na linguagem prática – a uma função comunicativa, que nos introduzem no movimento dos elementos temáticos, destacadamente da palavra. Uma tal obra literária não pode ser chamada de obra de arte verbal, pelo menos não no sentido da poesia lírica.

(*Nota*: O fato de Jirmúnski ("O Método Formal") servir-se, em seu exemplo, da categoria genérica "poesia lírica" não invalida em nada sua colocação do problema. Esta, porém, se valoriza específica e integralmente se a pusermos em função da poesia concreta. Aliás, é de notar que este *pôr em função* se justifica inclusive no plano histórico, pois é Lo Gatto quem salienta a importância que teve, para o surgimento da escola formalista de poética, o movimento futurista russo, preocupado em revelar o parentesco entre a poesia e as outras artes (música e pintura) e onde havia poetas votados à pregação teórica, como Khliébnikov, exaltadores do "valor da palavra em todas as suas manifestações metamórficas, como elemento primordial frente a qualquer conteúdo".)

Dizemos que a poesia concreta visa como nenhuma outra à comunicação. Não nos referimos, porém, à comunicação-signo, mas à comunicação de formas. A presentificação do objeto verbal, direta, sem biombos de subjetivismos encantatórios ou de efeito cordial. Não há cartão de visitas para o poema: há o poema.

Como forma verbal, o poema está sujeito a uma evolução qualitativa. A poesia concreta compreende essa dialética de formas: não foge para o "paraíso perdido" de retrocessos pusilânimes. Rejeita as estéticas solipsistas que ofuscam a história e a culturmorfologia em prol de um conforto artístico livre do pânico da invenção. O verso livre, depois de *Un Coup de Dés* de Mallarmé, passou a ser um álibi para todas as acomodações. Mallarmé propõe a organização do espaço gráfico como campo de força natural do poema. Inútil virar as costas para essa tomada de posição radical na arte poética: ela existe. Ela exige – salto qualitativo que é no mundo das formas verbais – uma opção crítica de parte do artista criativo. Inútil ignorar Pound, Joyce, Cummings, Apollinaire, certa parte do futurismo, do dadaísmo. Eles estão aí. Sua presença se mede pelo recuo acumpliciador dos diluidores de dicções paradas, que se procuram fixar em meios-termos e em meios-caminhos. Dominar uma dicção ainda não é compreender o processo artístico. O artista brasileiro, depois do primeiro livro, costuma especializar-se em nuances da própria dicção (nos melhores casos). Não é hábito da literatura brasileira a obra em progresso, mas a obra em reflexo. Exemplos isolados – Oswald de Andrade, João Cabral de Melo Neto – são raridades que nadam contra a maré: o lirismo anônimo e anódino; o jargão desinfetado da poesia bom-tom, sujeito a "clima" (se o poema é sobre o mar, a ordem são os símbolos marítimos: ondinas, oceânides, gaivotas, conchas, hipocampos, búzios, tritões, afrodites e espumas), onde não se admite nem sequer a metáfora dissonante, de tipo rimbaudiano por exemplo, velha conquista do arsenal poemático; a corrente da felicidade soneticista, com a sua conhecida trucagem, que, à falta de invenção, serve de clister para a arte senil dos poetas oficiais, e para a juventude senilizada de precoces candidatos a "mestres" etc.

A poesia concreta olha de frente para as formas poéticas e procura divisar o vetor qualitativo de sua evolução. Assume as responsabilidades da tradição viva e não tenta escamoteá-la sob a alegação de que os verdadeiros inventores na poesia contemporânea sejam casos extravagantes e levem a becos sem saída. A poesia concreta coloca o poema sob o foco de uma consciência rigorosamente organizadora, que atua sobre o material da poesia da maneira mais ampla e mais consequente possível: palavra, sílaba, fonema, som, fisiognomia acústico-vocal-visual dos elementos linguísticos, campo gráfico como fator de estruturação espaçotemporal (ritmo orgânico), constelações semânticas precipitadas em cadeia e consideradas simplesmente do ponto de vista do *material*, em pé de igualdade com os restantes elementos de composição.

Quando Stockhausen (um dos mais importantes compositores de música concreto-eletrônica) escreve que, pela primeira vez, uma peça musical está em vias de ser organizada de modo total e sinteticamente serial, a partir do próprio material (sons "sinusoidais" fornecidos por um gerador de frequências), aborda um problema que, *mutatis mutandis*, se situa como hipótese de trabalho na poesia concreta: trata-se de organizar de maneira "sintético-ideogrâmica" ao invés de "analítico-discursiva" (para usarmos uma formulação de Apollinaire, que, de resto, encontra apenas pálida ressonância prática em seus *Caligramas*) a totalidade do poema: todos os seus elementos, todo o *material* em jogo a que já nos referimos, severamente disciplinados por uma vontade lúcida de estrutura. Esta a superação crítica para a qual aponta a poesia concreta, considerada em relação ao *paideuma* do qual emerge, sem que esteja implícita, evidentemente, por absurda, qualquer intenção de juízo de valor.

Jules Monnerot descreve o poeta moderno como "um mágico sem esperança". A poesia concreta elimina o mágico e devolve a esperança. Desaparece o "poeta maldito", a poesia "estado-místico". O poema passa a ser um objeto útil, consumível, como um objeto plástico. A poesia concreta responde a um certo tipo de *forma mentis* contemporânea: aquele que impõe os cartazes, os *slogans*, as manchetes, as dicções contidas do anedotário popular etc. O que faz urgente uma comunicação rápida de objetos culturais. A figura romântica, persistente no sectarismo surrealista, do poeta "inspirado", é substituída pela do poeta factivo, trabalhando rigorosamente sua obra, como um operário um muro.

Fenollosa & Pound, a propósito do ideograma chinês, prefiguram um novo mundo de formas, ao mostrarem como, na escrita chinesa, até o verbo "ser" (que, nas línguas ocidentais, serve de "pura cópula" entre sujeitos e estados, dando, portanto, "o mais cru exemplo do processo prosaico-analítico") passa a constituir-se num "esplêndido relâmpago de poesia concreta" (em chinês, o principal verbo correspondente a "é" não apenas significa ativamente "ter", mas revela, por sua derivação, que exprime algo ainda mais concreto, a saber: "arrancar da lua com a mão"). O ensaio ("A Escrita Chinesa como Instrumento para a Poesia") pode ser concentrado nestas palavras: "A poesia difere da prosa pelas cores concretas de sua dicção".

Hans Arp chega a falar também em poesia concreta (*konkrete Dichtung*), a propósito do livro de Kandinsky, *Klänge* (*Sons*). Embora os poemas de Kandinsky não coloquem problemas de estrutura, antes, mantendo o verso linear-tradicional (com ligeiras variantes aqui e ali), se marquem apenas por uma temática abstratizante, um abstracionismo conceitual, precursor de certo suprarrealismo de tipo científico em voga em revistas argentinas como *Madi* e *Nueva Visión* (parte poética), não deixam de ser proféticas algumas formulações de Arp:

> O que é característico da poesia concreta é que ela não tem intenções sentenciosas ou didáticas. Um poema de Goethe ensina ao leitor, sob uma forma poética, que morte e transformação são a condição inelutável do homem. Kandinsky, ao contrário, põe o leitor diante de uma imagem de palavras que morrem e se transformam, diante de uma série de palavras que morrem e se transformam...

A poesia concreta, tal como a compreendemos, é uma resultante de um estudo sistemático de formas, arrimado numa tradição histórica ativa. A obra máxima de Mallarmé – *Un Coup de Dés* –, que é sua matriz, data de 1897 (Valéry chamou-a de "espetáculo ideográfico"). "Colher no ar essa tradição" – sepultada pela conhecida reação do bom-senso, por aqueles que se apressam em tachar de ultrapassadas ou incontinuáveis todas as fecundas vertentes criativas, para defender os mornos direitos de uma estratificação de gosto romântico-parnaso-simbolista (decorativa), esta, sim, superada e dissociada das necessidades da mente contemporânea – "colher no ar essa tradição viva", repetimos, compreender essa dialética de formas, é a missão da poesia concreta. Situar-se em correlação de pesquisas com a música e as artes visuais realmente criativas, frente à problemática da invenção de formas, que oferece muitos aspectos comuns, embora guardando as diferenças substanciais que se prendem à própria natureza de cada uma dessas artes. Desnecessário repetir o interesse revelado nos escritos teóricos de jovens músicos da importância de um Pierre Boulez, por exemplo, por obras fundamentais da poesia como as de Mallarmé e Cummings. Inútil enfatizar que há mais do que uma simples coincidência no fato de Eugen Gomringer – o mais representativo, do ponto de vista da obra de arte criativa, dos jovens poetas da Europa de hoje – ter sido secretário de Max Bill e ser professor na Hochschule für Gestaltung (Escola Superior da Forma), em Ulm, o mais importante reduto europeu das experiências plásticas de vanguarda. Pretender que poesia concreta, música concreta e pintura concreta sejam conceitos dados aqui como inteiramente reversíveis, é produto de utopia wagneriana (*Gesamtkunstwerk* – a "obra de arte total"), ou, mais certamente, de ignorância dos meios de expressão peculiares a cada uma dessas artes, mesclada do propósito de turvar as águas, derradeiro recurso da "culinária fúnebre" em que se especializa certa crítica. Negar, por outro lado, radicalmente, uma permeação honesta de experiências, é manifestação de análogo obscurantismo, caracterizado ainda pelo miúdo tecnicismo solipsista que quer reduzir cada tipo de artista à clausura de seu *métier*, como um vidro de remédio numa farmacopeia ideal, munido da respectiva etiqueta, para que a digestão mental do crítico possa se cumprir sem sobressaltos...

Frobenius lança a teoria da culturmorfologia. Pound, em suas obras críticas, aplica-a à poesia. Há uma transformação qualitativa de culturas. Nesse sentido – não no de uma hierarquia ascensional de valores – a arte evolui. Kandinsky, em seus últimos escritos teóricos, insere-se nessa perspectiva:

[...] cada época artística possui sua própria fisiognomia, que a distingue do passado e do futuro. [...] Cada época espiritual exprime seu conteúdo característico através de uma forma que lhe é exatamente correspondente. Cada época alcança, desse modo, sua verdadeira fisiognomia, plena de expressão e força, e assim transforma o *ontem* em *hoje* em todos os domínios do espírito. Mas a arte possui, além disto, ainda uma qualidade que lhe é exclusiva e peculiar, ou seja, a faculdade de adivinhar o *amanhã* no *hoje* – um poder criador e profético.

Descartado o *tonus* místico-idealista, tão ao gosto dos escritos de Kandinsky, essas palavras nos põem, com fidelidade, diante do processo culturmorfológico.

Eugen Gomringer, em Ulm, no centro de uma tradição artística viva, cujo antecedente imediato era o Bauhaus, empenhou-se em construir uma nova realidade poética, em fixar um elenco de autores básicos para uma arte da poesia verdadeiramente criativa e consequente em nossos dias, oposta ao banho-maria vigente após meio século de modernismo: isolou Mallarmé (*Un Coup de Dés*), Apollinaire (*Calligrammes*), Cummings, William Carlos Williams (dos poemas curtos), Joyce (*Ulysses*); referiu-se aos dadaístas e futuristas, além de citar Arno Holz por suas experiências tipográfico-espaciais (*Phantasusgedichte*, de 1898). Denominou seus poemas "constelações" (à maneira mallarmaica), obtendo, nas melhores peças, efeitos surpreendentes de organização ortogonal do espaço com palavras curtas, uma espécie de linguagem poética elementar e direta, que se pode situar na órbita de trabalho da poesia concreta. O encontro de D. Pignatari com Gomringer, no momento em que, em contemporaneidade cronológica, alguns poetas brasileiros preocupavam-se com idênticos problemas e traçavam um quase idêntico *paideuma* (com a inclusão de Ezra Pound, de *Os Cantos* e sua estrutura ideogrâmica), é uma demonstração de como o processo culturmorfológico opera no domínio artístico: objetivando sua própria evolução, exigindo-se a si mesmo, dialeticamente, independente de longitude, latitude e língua, não como uma cerebrina mitologia do espírito, destituída de conteúdo material, mas, no plano real e factivo, como uma crítica impessoal de formas.

Wassily Kandinsky

R
Ir-reg-ular
Reg-ular
Reg
Onde? Como?
De fato – quando um sobe, o outro desce.
Mas ambos subirem, ... ou ambos descerem, é isto regular?
Desregrado sempre sem régua.
Vale dizer – grave tom irreal, infinita beleza, aura-de-lírios
Com alturas acres
Álacre:
Vin
Agre.
RRR- - -

Tradução / adaptação: haroldo de campos

S
Un-regel-mässig
Regel-mässig
Mässig
Wo ist es?
Aber tatsächlich – wenn Eins steigt, sinkt das Andre.
Wenn beides steigt, ... oder beides sinkt, est es dann mässig?
Übermässig immer nachlässig.
D. h. wie man es so unendlich schön, lilienduftend, unwirklich tief mit spitzen

Höhen sagt:
Essig.
SSS- - -

Paris, 1937

(O poema [na página seguinte] "nascemorre", 1958, de Haroldo de Campos, foi instigado pelas observações de Hans Arp sobre a poética de Kandinsky; Arp falava em *konkrete Dichtung* não no sentido específico do movimento de poesia concreta, é claro, mas na acepção genérica do termo. Refira-se que Kandinsky, na esteira de van Doesburg, Arp e Bill (1930-1936), começou em 1938 a chamar sua pintura de concreta. Cf. "Konkrete Kunst", em *Kandinsky: Essays über Kunst und Künstler*, edição organizada por Max Bill, Teufen, Suíça, Verlag Arthur Niggli u. Willy Verkauft, 1955.)

```
                              se
                              nasce
                              morre nasce
                              morre nasce morre
                                          renasce remorre renasce
                                                  remorre renasce
                                                          remorre
                                                               re
              re
              desnasce
              desmorre desnasce
              desmorre desnasce desmorre
                                          nascemorrenasce
                                                  morrenasce
                                                       morre
                                                          se
```

haroldo de campos

a exposição de arte concreta e volpi*
DÉCIO PIGNATARI

1. QUAIS AS PRIMEIRAS CONCLUSÕES QUE PODEM SER TIRADAS DA "EXPOSIÇÃO NACIONAL DE ARTE CONCRETA"?
Este foi o primeiro confronto nacional das artes de vanguarda realizado no país, tanto no que se refere às artes visuais como à poesia concreta: este fato é de grande importância para o público, que assim teve a oportunidade de entrar em contato com todo um pensamento visual em marcha, com suas hesitações e arrancadas, mas perseguindo objetivos comuns, que se traduzem, em última análise, pela liquidação da trôpega tradição expressionista da arte moderna brasileira (a abstrata inclusive). Para os artistas concretistas, a importância da exposição não foi menor, pois a mesma lhes possibilitou uma tomada de consciência mais lúcida sobre a evolução formal de seus próprios trabalhos. A grande vitória alcançada por ocasião do recente "Prêmio de Arte Contemporânea" veio como um claro reconhecimento incontornável da importância do concretismo visual na formação da nova cultura brasileira. Quanto à poesia, aquele duplo confronto, interno e externo, acima referido, resultou numa autêntica "bomba", pelo caráter de que se revestiu, visto que a poesia brasi-

* Depoimento publicado originalmente no "Suplemento Dominical" do *Jornal do Brasil*, Rio de Janeiro, 19.1.1957.

leira se encontrava (e se encontra) num estágio provinciano de evolução formal, por ignorância e por falta de nível crítico e força seletiva. De resto, é bom notar, de passagem, que a estagnação da poesia é um fenômeno de todos os países na hora presente: somente na Alemanha consegui encontrar um reduzido grupo de poetas, ligados à revista *Spirale* e chefiados pelo suíço-boliviano Eugen Gomringer, empenhados na "poesia-sem-verso", a que tinham recém-chegado partindo de pontos comuns aos nossos (*Un Coup de Dés*, de Mallarmé, Cummings etc.) – pontos esses que os poetas de vanguarda brasileiros – pelo menos os de São Paulo – tinham conseguido estabelecer no decorrer de oito anos de trabalho. Enquanto isso, os críticos – mesmo os que não deixaram de externar sua "simpatia para com os jovens" – tentam confundir e torpedear o movimento, simplesmente declarando que "isso já foi feito", "onde é que está a novidade?", "as experiências ultrapassadas de Tzara, Isou, Apollinaire, Barzun etc..." etc. Em primeiro lugar – e refiro-me às obras já plenamente realizadas dentro da nova concepção, e que não são todas, mesmo em nossa recente publicação *noigandres 3* – "isso" nunca foi feito em parte alguma, e muito menos no Brasil, porque é a primeira vez que as experiências passadas tendentes à poesia-sem-verso são trazidas ao exame crítico, para efeitos de redimensionamento e com propósitos de continuidade, enriquecidas de novas invenções e possibilidades estruturais. Em segundo lugar, estamos cansados de proclamar que os pontos cardeais para a realização de uma poesia concreta são: Mallarmé (*Un Coup de Dés*), Pound, Joyce e Cummings – porque foram estes os que mais se detiveram no problema da estruturação dinâmica do poema, que é o problema que mais nos preocupa. Sobre estes nomes, os tais críticos calam a boca – o que é significativo de muitas coisas penosas. E que outros poetas tenham deixado realizações e postulações de interesse para uma poesia-sem-verso – já se vê que esses críticos não seriam os primeiros nem os mais indicados para nos prestar qualquer informação útil, já que citam os únicos nomes de seu receituário de vanguarda, com o fito de insinuar que a poesia concreta está escamoteando suas origens!... Em terceiro lugar, é curioso que esses críticos, lidando diariamente com a poesia tradicional, em verso – especialmente o gelatinoso jargão lírico vigente – se esqueçam de observar que "isso" já foi feito...

E em quarto lugar, é bom dizer que não é a novidade ou a originalidade por si mesmas que nos interessam, mas a realização de uma poesia construtiva, direta e sem mistério, que "dispense interpretação" – como diria Mondrian, muito bem lembrado por Haroldo de Campos. Que os jovens, os menos jovens e os velhos se interessem pelo método ideogrâmico, para a elaboração de uma linguagem poética rica, original, nacional e internacional – esse é o nosso desejo e para tanto convergem os nossos esforços.

2. POR QUE OS CONCRETISTAS CONSIDERAM VOLPI O MAIOR PINTOR BRASILEIRO E COMO SE EXPLICARIA A EVOLUÇÃO-REVOLUÇÃO QUE VOLPI REALIZOU EM SUA OBRA, A PONTO DE SEUS ÚLTIMOS QUADROS PODEREM SER CHAMADOS DE "CONCRETISTAS" POR ALGUNS?

Infelizmente, não regressei da Europa em tempo de ver a retrospectiva de Volpi, realizada no Museu de Arte Moderna de São Paulo, em meados do ano passado. Conheço mal sua obra anterior a 1950, mas conhecendo melhor a obra posterior, a partir da série de "casas", que já haviam sido a grande surpresa da II Bienal de São Paulo, posso arriscar algumas observações. Volpi demonstra em sua obra um escasso interesse pela figura humana: sua preferência vai para a paisagem e, na paisagem, a casa. À medida que a arquitetura visual da casa ou casas vai-se confundindo com a do próprio quadro, a cor vai-se purificando: um Mondrian "trecentesco". E assim como Mondrian supera a ortogonalidade estática de sua obra neoplasticista propriamente dita com a movimentação barroco-impressionista de elementos no *boogie-woogie* da última fase; e como Calder transpõe o neoplasticismo de Mondrian para o dinâmico-planetário de seus *Móbiles* – Volpi acaba por agitar, pela variação de uns poucos elementos (janelas, portas, bandeiras de portas), a calma, giottesca fachada de suas casas (preto-e-branco, verde-e-vermelho), propondo-se um problema de movimento, que acabaria por resolver tomando como pretexto um tema típico do movimento: a ventoinha de papel, à qual se seguiria, finalmente, a pura estrutura dinâmica de seu extraordinário quadro em xadrez branco-e-vermelho, onde um fenômeno de refração, por interferência de elementos (que se reconciliam no centro do quadro retangular: incidência do olho), confere a um mesmo branco duas qualidades diversas. Esta obra é, exatamente, uma obra concretista, e das mais estupendas, ainda que a Volpi não interesse, provavelmente, saber em que "ismo" se enquadra a sua obra. O importante é saber que os problemas visuais de Volpi e dos concretistas são comuns – especialmente os da *estrutura dinâmica* – ainda que os meios de ataque à realização da obra sejam diversos, Volpi atendo-se a meios mais artesanais. Por outro lado, Volpi ignora o que sejam, teoricamente, *Gestalt*, "topologia" e coisas que tais: este fato constitui um excelente elemento para a comprovação da "teoria da pura visualidade" – um dos princípios que informam o movimento concretista. Mas nem por isso é Volpi um primitivo, um ingênuo ou um equivocadamente influenciado: sua educação e cultura visuais, sua capacidade de rigor na organização de formas – olho crítico – fazem de Volpi um dos artistas mais conscientes e consequentes na evolução formal da própria obra. A isto se deve chamar, precisamente, de "humano", pois é primário e arbitrário fazer derivar a noção de "humano" meramente do anedótico-figurativo. Aliás, é bastante curioso esse vício e necessidade de alguns espíritos de algemar o "humano" ao figurativo: nesta base, toda a cultura árabe seria tachada de "inumana" ou "desumana", já que o Corão interdiz a representação de figuras humanas... Volpi, além do mais, é um dos raros artistas brasileiros que não só não decaiu depois dos quarenta, mas teve a sábia e justa coragem de dar um belíssimo "salto qualitativo" em plena maturidade. Por tudo isto, os concretistas, que – empenhados justamente na fundação de uma tradição do rigor para a cultura brasileira, foram entre os primeiros (Waldemar Cordeiro à frente) a chamar a atenção para o "caso" Volpi – consideram-no não somente o maior pintor brasileiro, mas entre os grandes num confronto internacional. *Ostia!...* – diria Volpi.

poesia concreta:
pequena marcação histórico-formal*
DÉCIO PIGNATARI

Ezra Pound, baseado nos estudos de Fenollosa sobre a escrita chinesa, nos fornece uma ideia elementar, mas clara, do que é o ideograma: como define o chinês a cor vermelha, sem usar o vermelho? Com os desenhos abreviados de

        rosa   cereja
    ferrugem   flamingo

A palavra chinesa, ou ideograma, para vermelho é baseada em coisas que todo mundo conhece (*ABC of Reading*).

A poesia concreta, indo além da aplicação do processo tal como foi praticado por Pound, introduz no ideograma o espaço como elemento substantivo da estrutura poética: desse modo, cria-se uma nova realidade rítmica, espaçotemporal. O ritmo tradicional, linear, é destruído.

Para glosar termos joycianos (ver 1ª parte do *Ulysses*), diríamos que a poesia concreta resulta da inter-ação do verbal, da inelutável

---

* Publicado originalmente na revista *ad – arquitetura e decoração*, ano IV, n. 2, São Paulo, março/abril de 1957. Resumo da conferência pronunciada por Décio Pignatari no auditório da UNE, Rio de Janeiro, em 10.2.1957, na noite de lançamento da poesia concreta naquela capital.

modalidade do visível e da inelutável modalidade do audível, num breve espaço de tempo através de um breve tempo de espaço.

Joyce – como Pound, de resto – não utiliza o branco da página, como elemento da composição, mas realiza em cada uma de suas famosas palavras-metáforas um pequeno ideograma verbivocovisual (para usar uma expressão sua):

silvamoonlake
(*silva* = silva (do latim, selva) e
silver = prata, *moon* = lua, *lake* = lago).

Com este exemplo, se ilustra também aquele "panaroma of all flores of speech", que Joyce realizou em *Ulysses* e, principalmente, em sua obra de complexidade máxima, *Finnegans Wake*.

Quanto às realizações espaciais, cite-se, antes de qualquer outra, a última e impressionante obra de Mallarmé, *Un Coup de Dés* (1897), que é a primeira obra poética consciente e estruturalmente organizada segundo a espaçotemporalidade. Os problemas colocados por sua teoria das "subdivisões prismáticas da Ideia" – cuja concretização requereu o branco da página como elemento de estrutura, palavras em diferentes caixas e tipos e indicações de leitura, que fazem do poema uma verdadeira partitura verbivocovisual – cobrem, hoje, a maior parte do campo de preocupações da poesia concreta. Este poema representa, para a poesia concreta, o que um Anton Webern representa para a música eletrônica, um Maliévitch ou um Mondrian para a pintura concreta, e um Gropius, um Mies van der Rohe ou um Le Corbusier representariam para a arquitetura moderna.

A primeira tentativa de sistematizar e teorizar sobre o poema visualmente figurativo – que pode ser encontrado em Rabelais, Lewis Carroll, nos dadaístas e futuristas – se deve a Apollinaire, com seus caligramas, que, na tentativa, não pôde senão expostular as insuficiências do processo. Contudo, sob o pseudônimo de Gabriel Arboin, Apollinaire abordou o problema com seriedade, no artigo intitulado "Diante do Ideograma de Apollinaire", referindo-se ao seu caligrama "Lettre-Océan": "Digo ideograma porque, depois desta produção, não há dúvidas de que certos escritos modernos tendem a ingressar na ideografia". Mais adiante, Apollinaire declara que o processo acima referido era revolucionário, "porque é necessário que a nossa inteligência se habitue a compreender sintético-ideograficamente em lugar de analítico-discursivamente" – afirmação que os poetas concretos subscrevem inteiramente. Vítima do preconceito figurativo, porém, e sem ter tentado sequer as possibilidades de uma figuração fisiognômica, quis alcançar não sabemos qual ideograma puro, ou seja, o puro desenho figurativo, e caiu no decorativismo sem sentido: poemas em forma de bandolim, de Torre Eiffel, de metralhadora – o que, desde logo, impossibilitava toda e qualquer estruturação rítmica e escamoteava a visão do verdadeiro problema que, em substância, era o problema do movimento.

Cummings, americano, compreendeu o erro: escapou ao caligrama e conseguiu realizar, já, verdadeiros ideogramas, utilizando melhor os recursos tipográficos, ainda que sua tipografia se ressinta de vezos nitidamente artesanais. Cummings utiliza as letras e os sinais de pontuação. Partindo de uma letra, isolada ou posta em relevo no interior da primeira palavra, Cummings vai tecendo uma anedota pontuada de acidentes líricos ou satíricos, obrigando as palavras a gesticulações expressionistas durante o percurso, até fechá-lo por um *da capo*, ou concluí-lo em boa e devida forma. Cummings usa largamente as peculiaridades fisiognômicas de certos caracteres verbais, o que não ocorrera a Apollinaire.

mOOn Over tOwns mOOn

Neste outro exemplo, as caixas alta e baixa e os sinais de pontuação são empregados a fim de obter as cintilações em código morse das estrelas:

brIght
bRight s??? big
(soft)

Na poesia concreta, temos alguns exemplos de aproveitamento dos recursos fisiognômicos:

a) no poema "si-lên-cio", de Haroldo de Campos, é o próprio material – o papel negro – que colabora na criação-recriação da experiência, carcomendo as arestas das palavras (à direita, embaixo) e funcionando estruturalmente com as letras brancas e com a palavra "silêncio", fragmentada e em caixa alta, que permeia todo o bloco em caixa baixa;
b) em "o formigueiro", de Ferreira Gullar, a letra "g" faz as vezes da formiga;
c) em "ovonovelo", de Augusto de Campos, a gestação do poema-criança, num lento multiplicar de elementos – células semelhantes (*ovo novelo – novo no velho*) acaba por se resolver no plano puramente visual e fisiognômico, com quatro seções ovais.

No Brasil, depois de raras e casuais realizações – de Mário e Oswald de Andrade (este tendo a vantagem do gosto pelo emprego da palavra direta, que funciona, então, como antimetáfora) – somente João Cabral de Melo Neto veio colocar com lucidez alguns problemas de interesse. Em alguns poemas seus, a palavra nua e seca, as poucas palavras, a escolha substantiva da palavra, a estrutura ortogonal, arquitetônica e neoplasticista das estrofes, o jogo de elementos iguais estão a serviço de uma vontade didática de linguagem direta, lição que não deveria ter sido esquecida:

Como não há noite
cessa toda fonte;
como não há fonte
cessa toda fuga.

O engenheiro viu as coisas claras. A "Antiode – Contra a Poesia Dita Profunda" marca o limite do descolamento palavra-objeto ("flor é a palavra flor") – e anunciaria a volta ao objeto no sentido concretista, se o poeta não tivesse preferido orientar-se em outro sentido, mais humilde e tradicional, mas sem deixar de realizar obra de interesse, como essa admirável "Uma Faca Só Lâmina": poema do furor contido, aparado e vivo, consultando a hora da mais extrema violência. A João Cabral se deve o primeiro ataque lúcido contra o jargão lírico e a peste metafórico-liriferante que assola a poesia nacional e mundial.

Mas caberia à poesia concreta retomar, em bases críticas, e com propósitos de continuidade e amplitude, uma tradição perdida de sessenta anos, repondo tudo em questão e recolocando todos os problemas, para a criação de uma nova linguagem poética, que não receie o útil – antes, o busque –, que seja essencialmente sintética, substantiva, direta e comunicativa, e estruturalmente consequente.

"A poesia concreta começa por assumir uma responsabilidade total perante a linguagem" – como disse Augusto de Campos. Desta forma, realiza-se a síntese crítica, isomórfica, da relação palavra--objeto: "jarro" é a palavra jarro e jarro mesmo enquanto conteúdo, isto é, enquanto objeto designado. A palavra jarro é a coisa da coisa, o jarro do jarro, como "o mar dentro do mar", de Baudelaire. Isomorfismo. Donde a tendência da poesia concreta a respeitar a integridade da palavra, abolindo as deformações e atomizações, a ponto de considerar superadas, num estágio de drasticidade superior, as experiências de um Joyce e de um Cummings – sem falar, naturalmente, dos arabescos figurativos de um Apollinaire, dos futuristas, letristas e sonoristas – com os quais a poesia concreta só mantém aqueles contatos necessários para a boa colocação crítica dos problemas. A poesia concreta é exatamente o oposto de todo surrealismo e expressionismo. Como exemplos de poemas concretos já plenamente realizados, citam-se "tensão", de Augusto de Campos, e "baum kind hund haus", do suíço-boliviano Eugen Gomringer, radicado em Ulm, que, partindo de pontos comuns aos concretistas brasileiros – ou, pelo menos, paulistas – Mallarmé, Cummings – chegou a realizações semelhantes, por ele denominadas "constelações" (ver *Coup de Dés*), mostrando-se, já, inclinado a adotar a denominação genérica de "poesia concreta", mais apta a designar um movimento de caráter internacional. O poema de Augusto de Campos mostra, mais uma vez, que a poesia concreta, de modo algum, pode abdicar da dimensão sonora da palavra, se já não bastassem, para prová-lo, os seis poemas em cores que publicou em *noigandres 2*, fevereiro de 1955, apoiados na *Klangfarbenmelodie* (melodia de timbres) de Anton Webern, alguns dos quais, adaptados para várias vozes, foram executados no Teatro de Arena de São Paulo, em novembro de 1955, pelo grupo musical "Ars Nova". O mesmo grupo prepara, para este ano, mais um recital de poesia concreta, com novos poemas*.

Na poesia concreta – como o demonstram os poemas acima citados – o movimento já não é mais mera ilustração de um movimento particular e real (*motion*), como o fizeram os futuristas – poetas, pintores e escultores – e o próprio Apollinaire. O problema, aqui, é o da própria estrutura dinâmica não-figurativa (*movement*), produzida por e produzindo relações-funções gráfico-fonéticas informadas de significado, e conferindo ao espaço que as separa-e-une um valor qualitativo, uma força relacional espaçotemporal – que é o ritmo.

* Apresentado em 3.6.1957, no Teatro Brasileiro de Comédia, com partituras de verbalização de Willys de Castro e direção geral de Diogo Pacheco.

baum

baum kind

kind

kind hund

hund

hund haus

haus

haus baum

baum kind hund haus

(baum = árvore; *kind* = criança; *hund* = cachorro; *haus* = casa).

SI

marsupialamor mam
ilos de lam
préias presas can
ino am
or
turris   de talis
man
gu   (LEN)
tural   aman
te em   te
nebras   febras
de   febr
uário   fe
mural   mor
tálamo   t'
aurifer
oz : e
          foz
paz
          ps

CIO

haroldo de campos

```
           o v o
         n o v e l o
        novo no velho
       o filho em folhas
       na jaula dos joelhos
       infante em fonte
        feto  feito
         dentro do
           centro

            nu
         des do nada
        a t e  o  h u m
        a n o  m e r o  n u
        m e r o  d o  z e r o
       crua criança incru
       stada no cerne da
        carne viva en
          fim nada

             o
          p o n t o
        onde se esconde
       lenda ainda antes
       e n t r e v e n t r e s
       quando queimando
        o s  s e i o s  s ã o
        p e i t o s  n o s
          d e d o s

            no
         turna noite
       em torno em treva
       turva sem contorno
       morte negro nó cego
       sono do morcego nu
       ma sombra que o pren
       dia preta letra que
         s e  t o r n a
            sol
```

augusto de campos

com som	can tem	
con tém	ten são	tam bem
	tom bem	sem som

augusto de campos

poesia concreta–linguagem–comunicação*
HAROLDO DE CAMPOS

Para Korzybski, o criador da "semântica geral", nova disciplina educacional definida como uma "ciência empírica do homem", baseada no estudo da linguagem, da comunicação e de seus reflexos no comportamento humano, o princípio aristotélico de identidade "tende a obscurecer a diferença entre palavras e coisas"[1]. Quando falamos: "isto é um lápis", tendemos a identificar, incondicionalmente, o objeto com sua expressão verbal; mas (afirma Korzybski) "[...] como as palavras não são os objetos que representam, a estrutura, e somente a estrutura, se torna o vínculo exclusivo que liga nossos processos verbais aos dados empíricos". Assim, as transformações operadas nos hábitos tradicionais de pensar, a cosmovisão que nos oferece o estágio atual das ciências (a geometria não-euclidiana, a física de Einstein etc.), exigem uma análoga revolução na estrutura da linguagem, que a torne capaz de se adequar com maior fidelidade à descrição do mundo dos objetos. Em lugar dos dualismos "metafísi-

* Publicado originalmente no "Suplemento Dominical" do *Jornal do Brasil*, Rio de Janeiro, 28.4.1957 e 5.5.1957; republicado, sob forma de resumo, no "Suplemento Literário" de *O Estado de S. Paulo*, 1.6.1957 e na revista *ad*, ano IV, n. 23, São Paulo, maio/junho 1957.

1. Ver: S. I. Hayakawa, "What is Meant by Aristotelian Structure of Language?", na coletânea de seleções da revista *Etc.*, de semântica geral, organizada sob o título *Language, Meaning and Maturity*, New York, Harper & Brothers, 1954.

cos, pré-científicos, animistas" que a estrutura linguística tradicional teima em fomentar, "obscurecendo e apagando relações funcionais" – como, por exemplo, os conceitos de espaço e tempo, individuados de maneira estanque e autárquica (o que Korzybski chama de *elementalism*) –, uma estrutura linguística mais próxima da realidade daria curso à noção de "espaço-tempo" (*spacetime*, que poderemos encontrar no *Finnegans Wake* de Joyce, onde a *durée* bergsoniana, desprovida de qualquer estrutura espacial, é superada e ironizada)[2]. Para a renovação da linguagem, além desse *non-elementalism* terminológico, Korzybski propõe o "método matemático": "sistemas de funções proposicionais, deliberadamente esvaziados de conteúdo, que podem, assim, receber qualquer conteúdo"[3].

Ora, fascinante perspectiva apresentam essas formulações quando postas em contato com os problemas da poesia concreta. O poema concreto põe em xeque, desde logo, a estrutura lógica da linguagem discursiva tradicional, porque encontra nela uma barreira para o acesso ao mundo dos objetos. Porém, teleologicamente, difere fundamentalmente a posição do poeta da do semanticista. O primeiro visa a uma comunicação de formas; o segundo procura comunicar conteúdos. Ambos, no entanto, querem essa comunicação realizada de maneira a mais direta e eficaz, e rejeitam as estruturas incapazes de conquistá-la.

---

2. Adelheid Obradovic, *Die Behandlung der Räumlichkeit im Spaeteren Werk des James Joyce*, cap. II, 1 "Zeit und Raum und ihre Relationen", p. 10 (Marburg, 1934).

3. "Ninguém é livre para descrever a natureza com absoluta imparcialidade; mesmo quando nos acreditamos mais livres, estamos sujeitos a certos modos de interpretação. A pessoa mais próxima da liberdade em tal respeito seria um linguista, familiarizado com muitos sistemas linguísticos completamente diversos" – Whorf, citado por Hayakawa, que comenta: "Korzybski, estou certo, diria que uma pessoa enfronhada na matemática moderna estaria na situação do linguista, com a vantagem, ademais, de que esses sistemas matemáticos não são o resíduo casual de primitivas noções metafísicas e animismos, mas sistemas de funções proposicionais, deliberadamente esvaziados de conteúdo, que podem, assim, receber qualquer conteúdo".

Tendendo para a técnica sintético-ideogrâmica de compor, ao contrário da analítico-discursiva, toda uma culturmorfologia que, nos últimos sessenta anos, se produziu no domínio artístico (desde Mallarmé), armou o poeta de um instrumento linguístico mais próximo da real estrutura das coisas, e, profeticamente, o colocou "em situação" perante as modernas criações do pensamento científico. O poema concreto, com sua estrutura espaçotemporal, suscitando no seu campo de relações estímulos óticos, acústicos e significantes, é uma entidade que possui um parentesco *isomórfico* (no sentido da psicologia da *Gestalt*)[4] com o "mundo total de objetiva atualidade", que, segundo Trigant Burrow, é furtado, desde o treinamento infantil, ao homem moderno, "fechado dentro de um campo de símbolos substantivos".

A poesia concreta, ao buscar um instrumento que a traga para junto das coisas, uma linguagem que tenha, sobre a poesia de tipo verbal-discursivo, a superioridade de envolver, além de uma estrutura temporal, uma dimensão espacial (visual), ou, mais exatamente, que opere espaçotemporalmente[5], não pretende, com isso, uma

4. Köhler assim enuncia o princípio geral do *isomorfismo*: "Qualquer consciência real, em cada caso, não só está estreitamente enlaçada com seus correspondentes processos psicofísicos, mas ainda lhes é afim em suas propriedades estruturais essenciais". Koffka salienta a importância do *isomorfismo* para a psicologia da arte (*Principios de Psicología de la Forma*, Buenos Aires, Editorial Paidós). A teoria isomórfica, focalizando a atenção na correspondência de estruturas entre realidades dessemelhantes por sua natureza, será preciso instrumento de trabalho para o estudo do fenômeno linguístico (já utilizado por D. Pignatari, a propósito da poesia concreta, em "Nova Poesia: Concreta", revista *ad*, n. 20).

5. Um dos pontos capitais do ensaio de Fenollosa ("The Chinese Written Character as a Medium for Poetry", *The Little Review Anthology*, New York, Hermitage House, Inc., 1953) é aquele em que é posta em destaque a estrutura espaçotemporal do ideograma: "Uma superioridade da poesia verbal como arte reside em seu apego à realidade fundamental do tempo. A poesia chinesa tem a vantagem única de combinar ambos os elementos. Fala, simultaneamente, com a vivacidade da pintura e com a mobilidade dos sons. É, em certo sentido, mais objetiva do que ambas (poesia verbal ou pintura), mais dramática. Lendo chinês não pareceremos empenhados numa enganosa prestidigitação mental, mas estaremos contemplando coisas cumprirem o seu próprio destino".

descrição fiel de objetos, não é seu escopo desenvolver um sistema de sinais estruturalmente apto para veicular, sem deformações, uma visão do mundo retificada pelo conhecimento científico moderno.

Pretende pôr esse rico e flexível instrumento de trabalho mental – dúctil, próximo da forma real das coisas – a serviço de um fim inusitado: criar o seu próprio objeto. Pela primeira vez passa a não ter importância o fato de as palavras não serem um dado objeto, porque, na realidade, elas serão sempre, no domínio especial do poema, o objeto dado. Então uma linguagem afeita a comunicar o mais rápida, clara e eficazmente o mundo das coisas, trocando-o por sistemas de sinais estruturalmente isomórficos, coloca, por uma súbita mudança de campo de operação, seu arsenal de virtualidades em função de uma nova empresa: criar uma forma, criar, com seus próprios materiais, um mundo paralelo ao mundo das coisas – o poema. Esse refluxo das virtualidades de uma linguagem – já poderosamente renovada – sobre si próprias espelha e explica o especial processo verbal que se desencadeia no âmbito poético, evidenciando como, se até um certo ponto podem se entrelaçar as rotas do cientista da linguagem e do artista, estas logo, por suas respectivas metas, se descartam: uma descrição destes processos, que têm em comum, modernamente, muitas reivindicações, se faz necessária – ainda que de modo sucinto como a tentaremos traçar – para uma clarificação básica da mente.

Hayakawa ("Semântica, Semântica Geral e Disciplinas Correlatas"), comentando a teoria preconizada por Korzybski de que "devem ser desenvolvidas novas linguagens de tipo físico-matemático que correspondam em estrutura à estrutura do comportamento humano, individual e social", assinala que há dois campos em que "esse programa começou a ser realizado: a biologia matemática e a cibernética". Oliver Bloodstein ("Semântica Geral e Arte Moderna"), encarando o mesmo problema, acrescenta que a arte moderna – como a matemática – "é um sistema não-aristotélico", rejeitando, entre outras coisas, o princípio da identidade (arte = imitação da natureza).

Se fizermos a aplicação desses conceitos à área de trabalho da poesia concreta, poderemos dizer sem temeridade que o poema concreto entra no domínio dessa forma de avaliação linguística, e de um modo surpreendentemente *sui generis*: radical. O poema concreto – para usarmos de uma observação de Gomringer sobre a "constelação" – é uma realidade em si, não um poema sobre...". Como não está ligado à comunicação de conteúdos e usa a palavra (som, forma visual, cargas de conteúdo) como material de composição e não como veículo de interpretações do mundo objetivo, sua estrutura é seu verdadeiro conteúdo. Somente no plano histórico-cultural, poderemos encontrar uma relação entre o poema-objeto concreto e um conteúdo exterior a ele: relação, porém, que será, ainda uma vez, uma relação de estruturas. Assim, será a "fisiognomia de nossa época" (a revolução industrial, as técnicas do jornalismo e da propaganda, a cosmovisão oferecida pelas revoluções do pensamento científico e filosófico, a teoria da comunicação rasgada pela cibernética etc.) a provável estrutura conteudística relacionada com o conteúdo-estrutura do poema concreto, e não este ou aquele objeto, esta ou aquela sensação subjetiva, garimpados no mundo exterior ou interior do poeta, pelo fato de terem deixado, com as reações semânticas que habitualmente envolvem a manipulação de palavras, rastros no campo de forças do poema, aos quais o leitor e mesmo o crítico, numa atitude desprevenida e rotineira, se apegam como a tábuas de salvação. É certo que esses rastros de conteúdo existem realmente, e de maneira inegável, numa arte como a poesia, cujo instrumento – a palavra – diferentemente da cor ou do som, não pode ser tratado como um elemento totalmente neutro, antes carrega um lastro imediato de significado[6]. A função da poesia concreta não é – como

---

6. Sartre, *Situations* II (Gallimard), embora colocando a poesia ao lado da pintura e da música, já apontava essa diferença de material: "As notas, as cores, as formas não são signos, não remetem a nada que lhes seja exterior. É certo que é impossível reduzi-las estritamente a si mesmas e a ideia de um som puro, por exemplo, é uma abstração: não se poderia imaginar – desprover a palavra de sua carga de conteúdo: mas sim utilizar essa carga como material de trabalho e em pé de igualdade com os demais materiais a seu dispor. O elemento palavra é empregado na sua integridade e não mutilado através de uma unilateral redução à música descritiva (*letrismo*) ou à pictografia decorativa (*caligrama*, ou qualquer outro arranjo gráfico-hedonista). O simples ato de lançar sobre um papel a palavra "terra" poderia conotar toda uma geórgica. O que o leitor de um poema concreto precisa saber é que uma dada conotação será lícita (como até certo ponto inevitável) num plano exclusivamente material, na medida em que ela reforce e corrobore os demais elementos manipulados; na medida em que ela participe, com seus efeitos peculiares – uma relação semântica qualitativa e quantitativamente determinada – na estrutura-conteúdo que é o poema. Qualquer outra *démarrage* catártica, qualquer outro desvio subjetivista, é alheio ao poema e corre por conta da tendência à nomenclatura – à troca de objetos artísticos por vagas etiquetas nominativas – que tão bem identificou Hayakawa nessa anedota de sabor cotidiano:

Um exemplo trivial mas revelador desse ajustamento a nomes ocorreu-me em minha própria casa recentemente. Possuo um quadro abstrato da última fase de L. Moholy-Nagy. Uma senhora que nos estava visitando não podia prestar atenção à conversa; virava-se constantemente para olhar o quadro. Aparentemente ele a perturbava bastante. Afinal levantou-se e dirigiu-se para ele, encontrando uma delgada etiqueta de papel com as palavras: "modulador de espaço, 1941". "Ah, é um modulador de espaço, não é?" – exclamou. "Não é mesmo bonito?!" Sentou-se novamente, muito aliviada. Depois disso não deu mais sequer uma olhada para o quadro.

há, Merleau-Ponty o demonstrou com acerto na *Fenomenologia da Percepção*, qualidade ou sensação tão despojadas que não sejam penetradas de significação. Mas o pequeno sentido obscuro que as habita, alegria ligeira, tímida tristeza, lhes é imanente ou tremula em torno delas como uma bruma de calor; é cor ou som".

Voltando à palavra "terra", ela nos possibilitará um excelente teste para a compreensão do tipo especial de tratamento da linguagem que ocorre no poema concreto, e de como se põe, em relação a esse poema, a questão do conteúdo. Os dadaístas – a observação é de André Gide, reproduzida por Mondrian ("Neoplasticismo") – quiseram

libertar o verbo do pensamento dispondo as palavras umas ao lado das outras sem que houvesse uma ligação qualquer [...]; cada vocábulo-ilha deve na página apresentar contornos abruptos.
Será colocado aqui (ou ali, o melhor possível) como um tom puro; e não longe vibrarão outros tons puros, mas com uma falta de relações tal que não autorize nenhuma associação de pensamentos. É assim que a palavra será despojada de toda sua significação precedente, afinal, e da evocação do passado.

Eis o oposto do procedimento do poeta concreto, para o qual o poema é uma "relação de materiais", para o qual o problema do poema é um problema de relações. Décio Pignatari se propõe construir um poema basicamente fundado em uma só palavra (uma experiência que, na música concreta, fora tentada por Pierre Boulez com seu "Estudo sobre um Som", referido por Pierre Schaeffer em *À la Recherche d'une Musique Concrète*, p. 191). A palavra "terra" será o núcleo gerador do conjunto relacional que é o poema a seguir:

```
ra terra ter
rat erra ter
rate rra ter
rater ra ter
raterr a ter
raterra terr
araterra ter
raraterra te
rraraterra t
erraraterra
terraraterra
```

terra – erra – ara terra – rara terra – erra ara terra – terra ara terra: eis os elementos temáticos que se originam desse núcleo, além da locução *terra a terra*, que o acompanha implicitamente como um coro fonético virtual.

Pignatari – como ele próprio refere – usou o processo de "retroalimentação" (*feedback*) da cibernética como recurso estrutural do poema. W. Sluckin (*Mentes e Máquinas*):

> As máquinas que mais nos impressionam não são aquelas meramente capazes de realizar cálculos complexos, mas antes as que trabalham de um modo que faz lembrar de maneira incisiva o comportamento animal ou humano. Estas máquinas incorporam alguma forma de regulagem automática, ou, como é chamada hoje em dia, controle automático. Isto é conseguido por um mecanismo que em muitos casos é denominado servomecanismo. Ele opera de tal modo que regula a atividade da máquina a qualquer momento de acordo com o resultado produzido pela atividade imediatamente anterior da mesma. Em outras palavras: o rendimento da máquina controla sua operação de modo a não permitir que o rendimento, a qualquer tempo, exceda ou deixe de atingir a um determinado valor. [...] Qualquer aparelho que empregue o *feedback* negativo, seja denominado servomecanismo ou não, pode ser considerado como "movido pelo erro" e "autocorretivo" (ou "compensador de erro"). Isto porque opera quando o rendimento se desvia de um determinado nível, ou está em erro com relação a ele; a operação do *feedback* negativo compensa o erro, corrigindo o rendimento.

Na sétima linha-membro do poema "terra" – que até então vinha se compondo desta única palavra, articulando-se e desarticulando-se, como a correr na fita de um teletipo ou na esteira rolante de um noticiário luminoso – dá-se a súbita introdução de um elemento novo, gerado pelo próprio núcleo inicial: a sílaba *ra*, formando *ara* ao se ligar com o *a* descartado da palavra "terra" na linha-membro anterior; esse elemento novo (que está em "erro" em relação à expectativa do leitor, que aguardaria, simplesmente, a formação contínua do vocábulo "terra", e não a duplicação de sua sílaba final) é "memorizado" pelo poema e passa a controlar o seu rendimento subsequente, retificando-o, desencadeando outro elemento, aparentemente inesperado, mas desejado pelo processo – *rara* – até atingir o clímax – *terrarater-ra* – que baliza, como nível necessário e procurado voluntariamente, o campo de ação do poema. Essa estrutura regulada pelo *feedback* é corroborada pelos elementos temáticos da maneira a mais eficaz: a palavra *erra*, produzida já na segunda linha do poema, e que está constantemente se insinuando no corpo da peça, torna explícita a estrutura-conteúdo: a um tempo a operação do poema, o "olhar de errata"[7] do poeta, que acerta errando, ou que transforma seus erros em acertos no *campus* semântico por ele trabalhado; e – a um tempo, dissemos – a própria estrutura isomorficamente resultante. Ideoforma. O erro, como vimos acima, no nível verbal e no nível de processo, exprime a autocorreção a que se submete o poema, coagido pela vontade de estrutura com que o poeta armou a sua opção criadora. Um tópico da cibernética, correlato, deve ainda ser chamado aqui à cena: o método de solver problemas por "tentativa-e-erro", que interessa do mesmo modo aos psicólogos da *Gestalt*. Como assinala W. Sluckin, o comportamento "tentativa-e-erro" pode ser descrito em termos de *"feedback* negativo".

A solução do problema pode ser considerada como o alvo imediato ou nível de equilíbrio da criatura. A informação – distância do alvo – é retrofornecida ao centro de controle. Pode-se dizer que é este fluxo de informação que controla a marcha segura da criatura em direção ao alvo.

---

7. Pignatari, "eupoema" – 1951 (*noigandres* 1): "eu jamais soube ler: meu olhar / de errata a penas deslinda as feias / fauces dos grifos e se refrata / onde se lê leia-se".

É esse o sistema que explica os mecanismos decifradores de labirintos construídos por Shannon, I. P. Howard, J. A. Deutsch nos últimos cinco ou seis anos. Também o poema "terra", concretamente, decifra-se a si mesmo.

Mas não é só. Os demais elementos temáticos são outras tantas linhas de força a conduzir a estrutura-conteúdo: o poema gerando-se a si próprio, o erro ativo – *errar arar* – como uma terra que se autolavra (*terra ara terra*), uma *rara terra*, e no entanto uma operação tão *terra a terra*, tão elementar, tão característica da condição humana factiva como o ato do lavrador que roteia um campo. Um quadro concreto possui um determinado *número cromático*, que controla quantitativa e qualitativamente o número das cores requeridas para a solução do particular problema proposto; o poema concreto possui o seu *número temático*: isto é, as cargas de conteúdo das palavras, tratadas do ponto de vista de material, só autorizam um determinado número de implicações significantes, justamente aquelas que atuam como vetores estruturais do poema, que participam irremissivelmente de sua *Gestalt*. Nenhum decorativismo, nenhum efeito intimista de pirotécnica subjetiva.

Neste ponto cabe uma distinção fundamental entre o poema concreto e o poema surrealista. O surrealismo, defrontando-se com a barreira da lógica tradicional, não procurou desenvolver uma linguagem que a superasse; ao contrário, instalou seu quartel-general no lado *maudit* da linguagem lógico-discursiva, onde se produzem "proposições admiráveis como: *um bugio de cauda malhada não é uma assembleia constitucional*"[8]. O "revólver de cabelos brancos",

---

8. "Já mencionei a tirania da lógica medieval. De acordo com essa lógica europeia, o pensamento é uma espécie de fábrica de tijolos. Ele é cozido em pequenas unidades sólidas ou conceitos; estes são empilhados em fileiras de acordo com o tamanho e etiquetados com palavras para uso futuro. Uso que consiste em apanhar alguns tijolos, cada qual por sua conveniente etiqueta, e incrustá-los juntos numa espécie de muro denominado sentença, com o emprego de argamassa branca (a cópula positiva 'é'), ou de

de Breton, vige no reino absurdo que se desencadeia da linguagem ordenada pelo sistema aristotélico, quando este é levado, como processo, às suas últimas consequências. É o reino do paradoxo, do *nonsense*, cujo estatuto são as "confusões de níveis de abstrações". O surrealismo, embora se insurja contra a lógica, é apenas o filho bastardo desta. Hayakawa (expondo Korzybski):

A estrutura da linguagem tradicional aristotélica e suas correspondentes reações semânticas tendem a ignorar um fato fundamental do funcionamento do sistema nervoso humano; que nós abstraímos em um número indefinido de níveis – abstraindo de abstrações, abstraindo de abstrações de abstrações etc. Na matemática, o processo de manipulação do símbolo é tal que, ocorrendo uma confusão de ordens de abstração, o sistema evidenciá-la-á imediatamente exibindo uma contradição. A eficiência da matemática nesse respeito é demonstrada pela maneira simples com que muitos paradoxos lógicos tradicionais, nos quais transições de ordens de abstração são escondidas pela linguagem cotidiana, são resolvidos por métodos matemáticos.

A poesia concreta – que é, como a matemática, um sistema especial não-aristotélico de linguagem – possui, também, através do *número temático*, um instrumento de controle que evidencia e elimina os elementos que entrem em contradição com sua estrutura rigorosa. Assim, no poema "terra", palavras como o substantivo *era* ou a interjeição *arre* (por exemplo) seriam desde logo rejeitadas, como corpos estranhos, por esse regulador da estrutura-conteúdo da peça, embora pudessem participar aparentemente de seu esquema fonético. O poema concreto repele a lógica tradicional e seu irmão torto, o "automatismo psíquico":

argamassa negra (a cópula negativa 'não é'). Dessa maneira produzimos proposições admiráveis como: *um bugio de cauda malhada não é uma assembleia constitucional*" (Fenollosa, ensaio citado).

A lógica abusou da linguagem que foi deixada à sua mercê. A poesia concorda com a ciência, não com a lógica. FENOLLOSA[9].

Gráfico-visualmente o poema "terra" está dirigido à sua estrutura. A geração do poema, a começar da sílaba *ra* que logo forma *terra* e segue, tirando desse núcleo *erra*, cria no campo espacial um movimento próprio, apoiado em fatores de proximidade e semelhança; um setor que míngua de *terra* até *a* (centro-superior, em triângulo retângulo) liga-se por um dos vértices a outro triângulo, também retângulo, que decresce de *terr* a *t*; à direita (setor látero-superior), uma coluna ortogonal formada pela reiteração do elemento *ter*; finalmente, um triângulo retângulo maior, incluindo em sua área os outros elementos já descritos, com a base menor em *terra ter* e um dos vértices em *t*. Com orientação em sentido contrário, isto é, com a base menor em *terraraterra* e um dos vértices em *ra* (truncado), distingue-se outro grande setor triangular, oposto pelo ângulo reto ao anterior; dentro, por força de um sulco que corre entre as linhas de *aa* e *tt*, interagem, confrontados, um triângulo truncado (*ra a terrara*), um retângulo (a coluna ortogonal formada pelo elemento *ra* seis vezes repetido) e um trapézio (lados demarcados pela linha de *tt*, por *terra* na undécima linha-membro, e por uma reta que vai de *t* a *a* formando a base maior do trapézio); o trapézio, por sua vez, gera visualmente um pequeno triângulo retângulo (vértice em *t*, base menor em *terr*) e um paralelogramo (elemento *terra* seis vezes repetido). O branco do papel atua no fino sulco já referido, e nos sulcos mais largos (um, sepa-

---

9. Pound (*ABC of Reading*): "Em contraste ao método da abstração – definir coisas em termos mais e mais gerais –, Fenollosa enfatiza o método da ciência, 'que é o método da poesia' (distinto do método da 'discussão filosófica'), e que foi o caminho intentado pelos chineses na sua escrita ideográfica ou de pinturas abreviadas". A comparação: Fenollosa & Pound / método ideogrâmico – Korzybski / sistemas não-aristotélicos de linguagem, será um item dos mais sugestivos.

rando os dois triângulos maiores opostos; outro, o setor triangular centro-superior – *terra* até *a* – da coluna de elementos *ter*). Um grande retângulo enquadra a área geral do poema e baliza o jogo. As orientações conflitantes dos elementos triangulares principais; a produção perceptual de formas no corpo de outras; os dois sulcos espaciais paralelos e os dois outros que lhes são, respectivamente, perpendiculares, e cuja injunção cria uma espécie de flexão visual no rumo da leitura; os setores que mínguam da palavra à letra; tudo isso impõe gráfico-espaçotemporalmente a estrutura do poema, cujo fluxo verbal fora subitamente alterado, retificado e conduzido ao rendimento-clímax pelo *feedback*, pelo erro autocorretivo. Passagem do *fisiognômico* (sulcos brancos = sulcos numa terra arada) ao *isomórfico* (estrutura visual = estrutura verbal). Advirta-se que a propositada minúcia analítica que empregamos aqui didaticamente, para descrever um processo, não oferece maior dificuldade no campo da percepção, onde atua, simples e naturalmente, sobre dados sensíveis, a geometria do olho.

No plano acústico, opera-se fenômeno semelhante. A dialética interna do poema, os cortes e coagulações de elementos fonéticos – a partir da palavra-fonte *terra*, produzindo *erra*, *rara*, *ara* – se solidarizam com a estrutura-conteúdo desejada e exigem elocução (jogo timbrístico, pausas etc.), pedem voz humana que os enfatize, que reflita, através de uma vocalização criativa, seu movimento próprio. Só aqueles que não estão afeitos às técnicas ativantes do uso da voz na música moderna (o *Sprechgesang*, por exemplo, usado por Schönberg no *Pierrot Lunaire* e na *Ode a Napoleão*), poderão duvidar do efeito aural de um poema concreto. A simples leitura mental será tanto mais rica quanto mais próxima se colocar da previsão dos efeitos de uma tal vocalização.

Refira-se de passagem: a poesia de E. E. Cummings (um dos autores que estão na base do movimento concreto), por predominantemente visual, seria "impossível de ouvir", na opinião de um crítico que se pronunciou sobre poesia concreta[10]. Não é porém o que pensa Susanne Langer (*Feeling and Form* – "Virtual Memory") ao estudar o papel do som na criação poética: "Há poesia que se beneficia com a vocalização real, ou mesmo a exige. E. E. Cummings, por exemplo, ganha tremendamente quando lido em voz alta...".

Posto que o poema "terra" não é uma geórgica, nada narra que possa contentar a imaginação propensa a discursos sobre a natureza ou a églogas pastoris, seu conteúdo, como o de um quadro concreto, é a sua estrutura, e esta, somente no plano histórico-cultural, vai encontrar uma conexão, também de estrutura, com um problema que lhe é exterior – no caso o *feedback*, tal como o estuda a cibernética – integrado na cosmovisão do homem de hoje. Os conteúdos locais de palavras e sequências de palavras, requeridos pelo *número temático* do poema "terra", não chegarão a satisfazer a demanda de catarse que assalte a determinado leitor desse poema, de tal maneira indesligáveis de sua estrutura e resolvidos nela. Saber ver e ouvir estruturas será pois a chave para a compreensão de um poema concreto.

Mas para um estudioso da semântica geral, como Bloodstein, a arte moderna é um sistema não-aristotélico, próximo aos preconizados por essa ciência da linguagem, justamente porque (além de algumas outras características) "considera a estrutura, relações, ordem, o conteúdo único da arte". Isto, como é óbvio, implica uma revisão das reações semânticas habituais do leitor, acostumado a procurar num poema objetos que não são o seu objeto; a fazer da obra de arte pretexto para divagações meta-artísticas. Korzybski (citado por Bloodstein):

---

[10]. Adolfo Casais Monteiro, "Palavra, Letras e Poesia", *O Estado de S. Paulo*, 17.2.1957: "A preponderância da visão sobre a audição que é evidente em Mallarmé, e mais ainda em Cummings, tornando impossível ouvir poemas que são feitos também para se olhar, é levada ao extremo pelos concretistas, cujos poemas não podem ser ouvidos". Ler, a propósito, o trabalho de Diogo Pacheco (Movimento "Ars Nova"), "Musicalidade e Verbalização", "Suplemento Dominical" do *Jornal do Brasil*, Rio de Janeiro, 17.3.1957.

"Qualquer sistema fundamentalmente novo envolve novas reações semânticas; eis a grande dificuldade que nos assalta quando tentamos dominar um novo sistema. Devemos reeducar, ou mudar, nossas velhas reações semânticas". Se esta advertência é válida para qualquer sistema novo de linguagem, mais prementemente se imporá com referência à poesia concreta, onde a preocupação com a estrutura não é transitiva (isto é, destinada a veicular outra estrutura – a da realidade – como nos demais sistemas não-aristotélicos), mas autobastante, esgotando-se na realização de si própria. É aqui que se põe o problema da comunicação.

Já se atribuiu, talvez pelo gosto das simplificações, aos lançadores do movimento de poesia concreta (o grupo de São Paulo) "a crença de que a menor ou maior rapidez com que uma obra de arte atue sobre o espectador decida de sua validez e de sua eficácia como obra de arte"[11]. Eis uma pequena postulação escolástica, cuja simples enunciação desfigura o problema.

O que se afirmou e está ao nível da evidência é que o poema concreto, entre suas virtudes, possui desde logo a de efetuar uma comunicação rápida. Comunicação essa de formas, de estruturas, não de conteúdos verbais. Realmente, apoiado verbivocovisualmente em elementos que se integram numa consonância estrutural, o poema concreto agride imediatamente, por todos os lados, o campo perceptivo do leitor que nele busque o que nele existe: um conteúdo-estrutura.

Assim, o poema concreto, encarando a palavra como objeto, realiza a proeza de trazer, para o domínio da comunicação poética, as virtualidades da comunicação não-verbal, sem abdicar de qualquer das peculiaridades da palavra; ou melhor, como um poema concreto comunica sua estrutura, as cargas de conteúdo das palavras manipuladas – aspecto pelo qual ele se incluiria, em tese, entre as modalidades

---

11. Oliveira Bastos, "Por uma Poesia Concreta", IV, "Suplemento Dominical" do *Jornal do Brasil*, Rio de Janeiro, 24.3.1957.

de comunicação verbal – são controladas em benefício dessa estrutura pelo *número temático*, e, portanto, não excluem, antes apelam ao nível de compreensão não-verbal do leitor[12]. Jurgen Ruesch e Weldo Kees, em obra recentemente lançada (*Nonverbal Communication: Notes on the Visual Perception of Human Relations*, Berkeley, Los Angeles, University of California Press, 1956), traçam a seguinte distinção fundamental entre comunicação verbal e não-verbal: a primeira baseia-se numa codificação de informações de tipo digital, cujos principais exemplos são o alfabeto fonético e o sistema numérico ("a informação transmitida através de um tal sistema é obviamente codificada mediante várias combinações de letras ou dígitos"); a segunda utiliza-se da codificação analógica ("várias espécies de ações, quadros ou objetos materiais representam análogos tipos de denotação").

Em termos de codificação [continuam esses autores], digital contrasta com analógica; em termos de linguagem, discursiva contrasta com não-discursiva. [...] A linguagem discursiva se funda na lógica, feita de um conjunto de regras artificiais, que foram aceitas, expressas em termos verbais em torno de uma espécie circunscrita de trabalho. A lógica dispensa codificações analógicas, a despeito do fato de que boa parte de nossos pensamentos e comunicações dependam do não-verbal assim como do verbal[13].

12. Mário Pedrosa, em seu importante artigo "Arte Concreta ou a Ausência de Ícones" (*Jornal do Brasil*, Rio de Janeiro, 15.2.1957), já enfatizou a relevância do nível não-verbal de comunicação na poesia concreta.
13. Ruesch e Kees prosseguem apoiados no ensaio "A Chinese Philosopher's Theory of Knowledge", de autoria de Chang-Tung-Sun, publicado na revista de semântica geral *Etc.* (9, 1952, pp. 203-226): "O pensamento ocidental, inclusive a lógica científica, tem sido precipuamente baseado – ou o foi até recentemente – numa visão aristotélica, que é, por seu turno, radicada na gramática grega e em sua estrutura linguística sujeito-predicado. Dentro de uma tal estrutura, o sujeito do discurso tem que ser determinado e o nível de abstração definido. Isto não é verdadeiro em relação, por exemplo, à lógica e à linguagem chinesas, onde a dicotomia sujeito-predicado é evitada. Não será desinteressante assinalar que os tremendos progressos levados a efeito na tecnologia ocidental desenvolveram-se somente quando os cientistas adotaram uma linguagem desvinculada da dicotomia sujeito-predicado, a saber: a matemática". Eis mais um tópico para a aproximação Fenollosa / Korzybski.

Rejeitando o ordenamento lógico-discursivo, abrindo-se às sugestões do método ideogrâmico de compor, que é do tipo analógico e não do tipo digital, lança-se a poesia concreta à fascinante aventura de criar com dígitos, com o sistema fonético, uma área linguística não-discursiva, que participa das vantagens da comunicação não-verbal (maior proximidade das coisas, preservação da continuidade da ação e da percepção), sem, evidentemente, mutilar o seu instrumento – a palavra – cujos dotes especiais para "exprimir abstrações, comunicar interpolações e extrapolações, e tornar possível o enquadramento de amplos aspectos de eventos e ideias diversificadas em termos compreensíveis" (Ruesch e Kees) não são desprezados, antes utilizados em proveito da totalidade comunicativa criada. A noção de *metacomunicação* explica, para os estudiosos dessa matéria, "as relações entre codificações verbais e não-verbais";

[...] qualquer mensagem pode ser considerada como tendo dois aspectos: a proposição propriamente dita, e as explanações pertinentes à sua interpretação. A natureza da comunicação interpessoal necessita de que ambos coincidam no tempo, e isto pode ser conseguido somente através do uso de uma outra via. Assim, quando uma proposição é fraseada verbalmente, tende-se a dar instruções não-verbalmente. O efeito é similar ao arranjo de uma composição musical para dois instrumentos, onde as vozes se movem independentemente em um sentido e em outro modificam e suplementam uma à outra, mas, não obstante, estão integradas numa unidade orgânica e funcional.

Com o poema concreto ocorre um fenômeno até certo ponto semelhante ao da *metacomunicação*: a diferença maior estará, porém, sempre, em que tal poema não cogita da comunicação de mensagens ou conteúdos exteriores, mas usa desses recursos para comunicar formas, para criar e corroborar, verbivocovisualmente, uma estrutura-conteúdo.

Observações-corolários aos problemas já discutidos: tarefa do poeta concreto será a criação de formas, a produção de estruturas--conteúdos artísticas cujo material é a palavra. Valor dessa tarefa (além do que lhe é intrínseco): colocar uma obra de arte – o poema (*bric-à-brac* nostálgico dos "bons velhos tempos", papel de tornassol de sensibilismos irresolvidos e vagas disponibilidades, conta-gotas do "humano") – em correspondência com uma série de especulações da ciência e da filosofia de nosso tempo, estas, sim, veiculadoras de largos e fecundos conteúdos humanos e coletivos, histórico-culturais, bem como em íntima e desejada correlação de pesquisas com as manifestações da música e das artes plásticas verdadeiramente representativas de nossa época. Consequência dessa tarefa: o estímulo imediato que um poema concreto pode trazer para a clarificação dos hábitos mentais, para a criação de reações semânticas novas, que, por contágio, agucem no leitor a percepção da real estrutura da linguagem de comunicação cotidiana e o preparem – à maneira dos "artifícios extensionais" de que fala Korzybski[14] – para sistemas não--aristotélicos de comunicação de ideias, capazes de não escamotear a estrutura do mundo em que vivemos (o vício retórico nacional, "o mal da eloquência balofa e roçagante", já exemplarmente fulminado por Paulo Prado no seu importante prefácio à poesia *Pau Brasil* de Oswald de Andrade, é dos que mais urgentemente necessitam

---

14. Anatol Rapoport ("What is Semantics", em *Language, Meaning and Maturity*): "A orientação recomendada por Korzybski para libertar o indivíduo da tirania das palavras foi por ele denominada *extensional*. Toscamente falando, ser extensional é ter consciência de coisas, fatos e operações da maneira em que eles se relacionam na natureza e não do modo pelo qual são discutidos. A pessoa extensionalmente orientada estabelece diferenças de maneira mais eficaz do que a de mentalidade verbal (intensionalmente orientada). É consciente do caráter basicamente único de 'coisas', 'eventos' etc., e, assim, mais consciente da transformação do que a pessoa intensionalmente orientada, que confunde o mundo fluido, dinâmico, em seu redor com o mundo estático, rígido, de rótulo, 'qualidades' e 'categorias' que tem na cabeça". Ao que Bloodstein acrescenta: "Orientação extensional e intensional em arte correspondem, respectivamente, à percepção da forma e à percepção do conteúdo...".

dessa ação saneadora); o apelo para o nível não-verbal da comunicação torna a mente extremamente sensível à relação palavra-coisa, e a previne contra as "distorções de significação" geradas pela manipulação abstratizante, desterrada da realidade, dos símbolos verbais, "ensinando-a mais uma vez (Ruesch e Kees) a usar palavras escrupulosamente e com senso de integridade". Aqui se tocam os lemas de Mallarmé e Pound: "Donner un sens plus pur aux mots de la tribu"/"Artists are the antennae of the race".

A produção de estruturas-conteúdos põe problemas que não se esgotam na obra de arte especificamente considerada – o poema. As novas tendências das artes visuais instigaram um novo mundo de formas no campo da produção industrial (Bauhaus). O poema concreto instiga um novo tipo de tipografia e propaganda e mesmo um novo tipo de jornalismo, além de outras possíveis aplicações (TV, cinema etc.). Maiakóvski: sua reivindicação por uma propaganda que fosse também "poesia da mais alta qualificação"[15], objetivo a que se liga toda a atividade do poeta na agência de informações Rosta (1919 a 1922) e, mais tarde (1923 a 1925), a serviço do comércio e da economia do Estado soviético – eis uma cogitação a ser renovada. Fonte

---

15. Maiakóvski, *Moi-même* (tradução de Elsa Triolet): "Uma das palavras de ordem, uma das grandes conquistas de *Lef* [revista da frente esquerda da arte, dirigida por Maiakóvski de 1923 a 1925, cf. E. Triolet] é a desestetização das artes aplicadas, o construtivismo. Seu suplemento poético é o poema de agitação, a agitação econômica – o anúncio. Malgrado os *taïaut!* poéticos, considero o 'em nenhum lugar como – no Mosselprom' poesia, e da mais alta qualificação". (Explica E. Triolet: "em nenhum lugar como – no Mosselprom" é uma fórmula de Maiakóvski muito popular para a propaganda do comércio do Estado, que se podia ler em todos os muros de Moscou. É evidente que sua "alta qualificação" se perde na tradução, se bem que esta – "nulle part comme – au Mosselprom" – esteja bem próxima do original.) O pintor construtivista Aliexánder Ródtchenko, um dos colaboradores de Maiakóvski no período de 1923-1925, escreve: "O trabalho de Maiakóvski no domínio da publicidade suscitou, à época, não pouca estupefação e risos entre os críticos. Considerava-se que aquilo era um trabalho indigno de um poeta de talento, não se compreendendo como um poeta autêntico poderia se ocupar de tais bagatelas; mas Maiakóvski tomava essa atividade rigorosamente a sério, consciente

constante de sugestões será também a teoria do livro de Mallarmé e sua preocupação com as técnicas do jornalismo (referida expressamente em *Le Livre, Instrument Spirituel*, e identificada por Valéry – V*arieté* II – como um dos estímulos do *Un Coup de Dés*): uma reversão de interesses, do jornal, de certas técnicas do jornalismo, para a órbita da poesia concreta não seria, portanto, um acontecimento desconcertante. Não esquecer, ainda, o influxo que o método ideogrâmico em si mesmo, como *forma mentis*, pode trazer para a própria crítica de arte e da cultura em geral, poupando-a das ventoinhas esfuziantes e estéreis do purismo *saggistico* e forçando-a a olhar para a coisa (justaposição direta e comparação de *exhibits*): uma empreitada que Ezra Pound tomou a peito com êxito em sua obra paralela aos *Cantos* (de *The Spirit of Romance* ao *Guide to Kulchur*).

da importância que possuía num momento em que a indústria soviética começava somente a tomar forças, quando o capital privado era ainda forte e fazia concorrência ao comércio do Estado". *Nota da terceira edição*: "coca-cola" (1957) de D. Pignatari é um exemplo do uso das técnicas da poesia concreta para uma propaganda – ou "antipropaganda" – na base do *aguit-placát* de Maiakóvski:

```
        beba coca cola
        babe      cola
        beba coca
        babe cola caco
        caco
        cola
                cloaca
```

poesia concreta: organização*

DÉCIO PIGNATARI

Não podemos resolver nenhum problema de organização, se nos dispomos a resolver cada um de seus pontos separadamente, um após o outro: a solução tem de vir para o todo. Vemos, desse modo, que o problema da significação está intimamente ligado ao problema da relação entre o todo e as partes. Já foi dito: o todo é mais do que a soma de suas partes. É mais correto dizer que o todo é algo diferente da soma de suas partes, já que somar é um processo sem sentido, enquanto que a relação todo-parte é cheia de significado. KOFFKA, *Princípios de Psicologia da Forma*.

Mário de Andrade, em seu "Prefácio Interessantíssimo", depois de falar do verso comum, melódico, aborda o que ele chama de *verso harmônico*, formado de palavras sem ligação imediata entre si: "estas palavras, pelo fato mesmo de se não seguirem intelectual, gramaticalmente, se sobrepõem umas às outras, para a nossa sensação, formando, não mais melodias, mas harmonias. [...] Harmonia, combinação de sons simultâneos".

---

* Publicado originalmente no "Suplemento Literário" de *O Estado de S. Paulo*, 1.6.1957, página especial dedicada à poesia concreta. Foram suprimidos, onde cabível, os trechos extraídos do manifesto "Nova Poesia: Concreta".

A palavra *portmanteau*, inventada por Lewis Carroll e amplamente utilizada por Joyce, é uma nova unidade qualitativa, resultante da justaposição de duas ou mais palavras: *silvamoonlake* (*silva*, selva (do latim) – *silver*, prata – *moon*, lua – *lake*, lago – *like*, como, semelhante a). Pequena paisagem verbivocovisual ou pequena paisagem ideogrâmica. Dentro, aliás, do espírito da língua inglesa, mais próxima do chinês do que o português, por exemplo, e mais apta, portanto, a adjetivar o substantivo sem alterá-lo: *icebox* (geladeira, literalmente: caixa de gelo), *the snow mountain stoneman* (o homem de pedra da montanha de neve).

Fugas... tiros... Tom Mix!

Cassirer, em sua *Filosofia das Formas Simbólicas*, diz que as línguas isolantes, como o chinês, poderiam parecer, à primeira vista, informes, se comparadas com línguas cuja forma se rege por ligações lógico-gramaticais; em verdade, investigações mostram que a língua isolante, não-flexionada, é derivada de uma fase anterior, flexionada, tal como acontece com o inglês atual, menos flexionado do que o inglês primitivo. Na língua isolante, uma mesma palavra pode exercer as funções de substantivo, adjetivo, verbo ou advérbio, sem qualquer mudança indicativa de sua categoria gramatical: a ordem das palavras é que preenche a função tradicional das mutações lógico-gramaticais:

> [...] as palavras isoladas simplesmente se colocam umas ao lado das (sobre as) outras na sentença, como veículos materiais de significação, e sua relação gramatical não é tornada explícita. [...] Quanto menos gramática exterior possui a língua chinesa, mais uma *gramática interior* lhe é inerente. [...] Vê-se, pois, que este tipo de língua é uma *forma de pura relação*: a palavra parece possuir aquela genuína substancialidade, por força da qual ela é, e assim deve ser concebida.

Mário de Andrade parece não se ter apercebido de que o seu verso harmônico, levado à sistematização, acabaria por destruir o verso como unidade rítmico-formal do poema, pelo contínuo fraccionamento espacial (representado pelas reticências): este passaria a interferir na estrutura, conduzindo ao poema espacial, visual.

L'armature intellectuelle du poème se dissimule et tient – a lieu – dans l'espace qui isole les strophes et parmi le blanc du papier: significatif silence qu'il n'est pas moins beau de composer, que les vers. MALLARMÉ.

Eisenstein, dando um exemplo de decupagem e montagem de um fragmento de Pushkin:

Ninguém soube então como e quando
fugira. Só um pescador, à noite,
ouviu um galope de corcéis, acentos
cossacos e leves murmúrios de mulher...

Três enquadramentos: 1) o patear dos cascos
                               2) o falar dos cossacos
                               3) o murmúrio de uma mulher.

[...] Três representações (sonoras!) expressas objetivamente se unem para criar uma imagem unitária, expressa emotivamente, e distinta da percepção dos elementos considerados isoladamente. [...] Com três detalhes selecionados entre todos os elementos da fuga, a sua visão é expressa por meio de uma montagem que faz o leitor participar emotivamente da ação [*Tecnica del Cinema* (*The Film Sense*), trad. italiana, Einaudi].

Em chinês, o ideograma de *árvore* e o ideograma de *sol* se fundem, se sobrepõem, para formar o ideograma de *leste* (sol entre os ramos de uma árvore, sol nascente).

. . . .

Na poesia concreta, sintaxe visual: fatores de proximidade e semelhança relacionando palavras no espaço, tendo em vista a simultaneidade, que Mário de Andrade, subjetivo, julgava impossível de ser atingida objetivamente, mas que Mallarmé já atingira com sua obra máxima, *Un Coup de Dés* (*Um Lance de Dados*), 1897.

Assim como nas chamadas artes do espaço se introduziu o tempo: movimento (certas obras sobre ambivalência espacial, de Albers, por exemplo), nas chamadas artes do tempo (música, poesia), o espaço passou a ser elemento qualificado da estrutura.

O artista não associa ideias, associa formas, que para ele são as únicas ideias que contam.

Pode-se dizer que a etimologia das línguas ocidentais se baseia na associação de ideias, enquanto que a etimologia do ideograma chinês se baseia na associação de formas: é uma etimologia pictográfica, etimologia figurada.

. . . .

O chinês ou-vê-lê os desenhos modificados de olho-sobre-pernas-correndo, que formam o ideograma do ato de ver (cf. *The Poetry of Ezra Pound*, Hugh Kenner, citando Fenollosa).

Ao conflito de fundo-e-forma-em-busca-de-identificação, eu chamo de *isomorfismo*.

Paralelamente ao isomorfismo fundo-forma se desenvolve o isomorfismo espaço-tempo, que gera o movimento.

Na poesia concreta, o movimento tende à simultaneidade, ou seja, à multiplicidade de movimentos concomitantes.

Ritmo: força relacional.

. . . .

O isomorfismo, num primeiro momento processual da prática compositiva espacial, tende à fisiognomia e a um movimento imitativo do real (*motion*). Pode-se dizer que, nesta fase, predomina a forma orgânica. A esta fase, de maneira geral, pertencem poemas como o "formigueiro" (Ferreira Gullar), "solidão" (Wlademir Dias Pino), "um movimento" (Décio Pignatari), "silêncio" (Haroldo de Campos), "ovonovelo" (Augusto de Campos), "choque" (Ronaldo Azeredo) ou "möv möv'" (Eugen Gomringer), iniciador simultâneo, na Europa, da poesia concreta, com seu volume de *konstellationen*, 1953. Num estágio mais avançado de evolução formal, num estágio mais racional de criação, o isomorfismo tende a resolver-se em puro movimento estrutural, estrutura dinâmica (*movement*). Pode-se dizer que, nesta fase, predomina a forma geométrica ou matemática. Pertencem a esta fase poemas como "tensão" (Augusto de Campos), "velocidade" (Ronaldo Azeredo), "mar azul" (Ferreira Gullar), "terra" (Décio Pignatari), "fala clara" (Haroldo de Campos) ou "baum kind hund haus" (Eugen Gomringer).

. . . .

A informação é mais uma questão de processo do que de armazenagem. [...] A informação é importante como uma fase do processo contínuo pelo qual observamos o mundo exterior e agimos efetivamente sobre ele (NORBERT WIENER, *The Human Use of Human Beings – Cybernetics and Society*).

[...] O organismo é uma mensagem. O organismo se opõe ao caos, à desintegração, à morte, como a mensagem ao barulho. Para descrever um organismo, não tentamos especificar cada uma de suas moléculas e catalogá-lo, peça por peça, mas antes responder certas questões a seu respeito que revelam a sua *pattern*: uma *pattern* que seja mais significante e menos probabilística à medida que o organismo se torne, por assim dizer, mais completamente um organismo. WIENER.

A poesia concreta parte de um *parti pris* formalista, na medida em que "seu pensamento se traduz em ação imediatamente, formulado, não por uma fórmula, mas por uma forma", como disse Eisenstein.

O problema da comunicabilidade, ou da comunicação mais rápida, implica um problema de funcionalidade, e este um problema de estrutura. É claro, pois, que a comunicação rápida confere um valor positivo ao poema, ou melhor, guia a sua própria confecção (cf. *A Filosofia da Composição*, de Edgar Allan Poe, e *Técnica do Poema*, de Eugen Gomringer, publicado no "Suplemento Dominical" do *Jornal do Brasil*, Rio de Janeiro, 28.4.1957).

[...] *Feedback*, a propriedade de ser capaz de ajustar a conduta futura pelo comportamento passado. O *feedback* pode ser tão simples como o de um reflexo comum, ou pode ser um *feedback* de alta categoria, em que a experiência passada é utilizada não somente para regular movimentos específicos, mas também inteiras orientações de comportamento. WIENER.

Fundar uma tradição do rigor. Volpi. Para que o artista brasileiro não decaia depois dos quarenta. Ou antes.

```
um
   movi
      mento
   compondo
a l em
            da
nuvem
   um
   campo
         de
   combate
      mira
   gem
         i r a
            de
   um
         horizonte
puro
   num
      mo
         mento
vivo
```

décio pignatari

```
VVVVVVVVVV
VVVVVVVVVE
VVVVVVVVEL
VVVVVVVELO
VVVVVVELOC
VVVVVELOCI
VVVVELOCID
VVVELOCIDA
VVELOCIDAD
VELOCIDADE
```

ronaldo azeredo

da fenomenologia da composição
à matemática da composição*

HAROLDO DE CAMPOS

Poesia concreta: produto de uma evolução de formas. Implica uma dinâmica, não uma estática. Teoria e prática se retificam e se renovam mutuamente, num circuito reversível. Certo: compreender a obra em progresso como uma dialética. Errado: paralisar para compreender.

A forma produzida vale por si própria, como realização mais ou menos perfeita e acabada: aí se coloca a questão do êxito, do juízo de valor de um dado objeto artístico. A consideração da dinâmica de um movimento é outra coisa: consiste em saber propor à mente criadora os problemas novos suscitados pela continuidade do processo; enxergar o seu vetor de desenvolvimento. Esta operação não invalida os êxitos que, porventura, tiverem sido obtidos numa etapa anterior do mesmo processo. Redimensiona porém, violentamente, o futuro do ato criativo.

A poesia concreta caminha para a rejeição da estrutura orgânica em prol de uma estrutura matemática (ou quase-matemática). Isto é: em vez do poema de tipo palavra-puxa-palavra, onde a estrutura resulta da interação das palavras ou fragmentos de palavras produzidos no campo espacial, implicando, cada palavra nova,

* Publicado originalmente no "Suplemento Dominical" do *Jornal do Brasil*, Rio de Janeiro, 23.6.1957.

uma como que opção da estrutura (intervenção mais acentuada do acaso e da disponibilidade intuicional), uma estrutura matemática, planejada anteriormente à palavra. A solução do problema da estrutura é que requererá, então, as palavras a serem usadas, controladas pelo número temático. A definição da estrutura que redundará no poema será o momento exato da opção criativa. A partir daí, a intervenção da inteligência disciplinadora e crítica se fará com muito maior intensidade. Será a estrutura escolhida que determinará rigorosa, quase que matematicamente, os elementos do jogo e sua posição relativa.

É claro que essa distinção implica uma diferença radical de atitude perante a composição do poema, mais do que, propriamente, uma praxística de trabalho poético exclusiva e excludente. A visão integral da estrutura a ser projetada no papel é algo que qualifica de antemão a tarefa criativa, podendo orientá-la mesmo num caso em que, na prática, a visão da estrutura resulte de (ou seja provocada por) um jogo inicial de palavra-puxa-palavra. Haverá talvez uma correlação primeira de estímulos entre ambos os processos, na pragmática poética. Todavia, a simples vontade de conceber o poema como um todo matematicamente planejado fará, na operação criadora, pender afinal a balança para o lado da racionalidade construtiva.

Quanto possível, respeitada a natureza peculiar a cada uma das artes, tenderá a desaparecer a diferença de atitudes discernida muito bem por Mário Pedrosa entre poeta e pintor concreto[1]: a fenomenologia da composição cederá a uma verdadeira matemática da composição. O que se pretenderá será realizar, "da maneira a mais precisa possível", a estrutura verbal planejada, com a "nitidez da lógica simbólica", ou com a precisão com que um pintor concreto exterioriza sua "ideia visível".

1. "Poeta & Pintor Concretista", *Jornal do Brasil*, Rio de Janeiro, 18.2.1957.

A própria escolha de palavras não se fará mais como um descascamento paulatino da realidade, mas como um vetor-de-estrutura: daí o novo interesse pela palavra como um dado integral, a ser objetivamente considerado e utilizado em função dessa estrutura, interesse que sucede ao redescobrimento fenomenológico (por assim dizer) da realidade palavra. Consequências: do respeito à integridade das palavras, segue que estas – não as sílabas – serão o elemento básico de composição do poema; desintegração: somente quando em estrita função-da-estrutura. Palavras simples com circulação viva – estrutura altamente econômica e reduzida. "Modéstia tática" (Boulez *re* Webern); impossibilidade, como hipótese inicial de trabalho rigoroso, do poema de tipo monumental, cuja *longueur* será um apelo irresistível à quebra do controle organizador e um convite às velhas ligaduras sintáticas comprometidas com o ranço discursivo que se pretende rejeitar. À retórica do poema longo – ainda que, numa última tentativa de sobrevivência, arejada artificialmente pelo "pneuma" espacial – se opõe a justa brevidade do poema concreto, donde a importância da experiência elementarista de Gomringer. Eliminação do poema descritivo: o conteúdo do poema será sempre sua estrutura.

A passagem da fenomenologia da composição à matemática da composição coincide com uma outra passagem: a do orgânico-fisiognômico para o geométrico-isomórfico*.

---

* Reproduz-se, a seguir, para maior clareza, trecho do artigo "Lance de Olhos sobre *Um Lance de Dados*", de Haroldo de Campos (*Jornal de Letras*, Rio de Janeiro, agosto de 1958), onde, a propósito do poema de Mallarmé, são retomados os conceitos de *racionalidade* e *acaso* e seu alcance para a estética da poesia concreta:

> A contradição dialética entre a afirmação axial de que um "lance de dados jamais abolirá o acaso" e o surgimento presumível da constelação que envolve o próprio poema como forma nova, e, portanto, disciplina controladora do acaso, já foi apontada por Maurice Blanchot: "o acaso, se não é assim vencido, é, pelo menos, atraído através do rigor da palavra e elevado à firme figura duma forma onde ele se encerra". É esta contradição crítica que fecunda o poema e recoloca os termos do problema – *symphonique équation*

(Mallarmé, *Oeuvres Complètes*, p. 646) – como um "xadrez de estrelas" (para tomarmos de empréstimo a imagem barroca de Vieira) perpetuamente em progresso. A procura do absoluto, fadada por definição à falência, entrevê um êxito possível na conquista relativa sancionada por um *talvez:* a obra-constelação, evento humano, experiência viva e vivificante, sempre a ponto de se recriar – véspera de um novo lance ("toute pensée émet un coup de dés"). Do ponto de vista de uma teoria da composição, a consequência duma tal hermenêutica do *Un Coup de Dés* não seria a abolição do acaso, mas sua incorporação, como termo ativo, ao processo criativo. Realmente, um *racionalismo da composição*, como o postulado por Edgar Allan Poe e mais tarde por Mallarmé, não implica, afinal, a elisão do acaso (desejo de absoluto que, se esboçado, é cercado logo à altura de um *jamais*), mas, sim, a disciplinação deste. A inteligência ordenadora delimita o campo de escolha, o feixe de possibilidades é engendrado pelas próprias necessidades da estrutura poemática pensada: a opção criadora significa liberdade de escolha, mas também – e sobretudo – liberdade vigiada por uma consciência seletiva e crítica. Isto queria dizer Décio Pignatari, quando escreveu ("Nova Poesia: Concreta"): "renunciando à disputa do absoluto, ficamos no campo magnético do relativo perene. A cronomicrometragem do acaso... O mais lúcido trabalho intelectual para a intuição mais clara". Este o roteiro de um racionalismo construtivo – sensível, não científico, pois labora sobre os dados da sensibilidade (no mesmo sentido poderíamos falar de uma "geometria do olho") – que traçamos em "Da Fenomenologia da Composição à Matemática da Composição". Esta tentativa de derivar uma estética contemporânea atuante da obra de Mallarmé pode adotar como lema as palavras de Greer Cohn: "Se o antirracionalismo pode ser temporariamente útil como preconceito criador, torna-se inumano como doutrina teórica de longo alcance, para todo o mundo, compreendidos os escritores" (*L'Oeuvre de Mallarmé – Un Coup de Dés*, p. 27, nota 18).

aspectos da poesia concreta*

HAROLDO DE CAMPOS

1. QUAIS AS RELAÇÕES ENTRE OS IDEOGRAMAS CONCRETISTAS E OS IDEOGRAMAS CHINESES?

A importância do ideograma chinês como instrumento para a poesia foi salientada por Ezra Pound, com base em estudo do sinólogo Fenollosa, publicado por E. P. em 1919. "Nesse processo de composição" – dizem Fenollosa e E. P. – "duas coisas conjugadas não produzem uma terceira, mas sugerem alguma relação fundamental entre ambas." Desse modo, o ideograma chinês "traz a linguagem para junto das coisas". "A poesia difere da prosa pelas cores concretas de sua dicção." O ideograma, como aponta H. Kenner (*The Poetry of Ezra Pound*), "é uma *forma mentis*", permite o máximo de economia e contenção, uma comunicação direta de formas verbais. Em *The Cantos*, de E. P., o ideograma é o princípio de estrutura presidindo à interação de blocos de ideias, que se criticam, reiteram e iluminam mutuamente. O isolamento de núcleos temáticos em cadeias de essências e medulas impõe a tomada de consciência do espaço gráfico, como fator de organização do corpo do poema (vejam-se, nesse

* Entrevista publicada originalmente na revista *Diálogo*, n. 7, São Paulo, julho de 1957, sobre um questionário proposto pelo poeta Alexandre Gravinas; republicada no "Suplemento Dominical" do *Jornal do Brasil*, Rio de Janeiro, 27.10.1957.

sentido, especialmente, os "Cantos Pisanos" e a secção "Perfuratriz de Rochas", última publicada, de 1955).

Mallarmé, que do ponto de vista do léxico é o polo oposto da poesia de Pound, vem a ser, no entanto, sob o prisma da estrutura, o imediato antecessor da experiência poundiana. H. Kenner foi o primeiro a divisar esse parentesco, até então ignorado pela crítica, à qual impressionou sempre a exclusão de Mallarmé (por razões de tática explicáveis à luz das necessidades históricas da poesia de língua inglesa) do *paideuma* de autores eleito por E. P. Kenner vincula a sua visão dos *Cantos* como uma "épica sem enredo" à teoria lançada por Mallarmé "da fragmentação da ideia estética em imagens alotrópicas", "cuja importância para o artista corresponde à da fissão nuclear para o físico". Realmente, Mallarmé, em seu pequeno prefácio ao *Un Coup de Dés* (1897), se refere às "subdivisões prismáticas da Ideia", a uma "*mise en scène* espiritual exata", obtida graças ao uso semafórico dos brancos da página e de caracteres tipográficos de tamanho ou feitio diversos, tudo isso redundando "no emprego a nu do pensamento, com retrocessos, prolongamentos, fugas" ao invés do processo discursivo tradicional ("on évite le récit"). Muito a propósito, diz Valéry, escrevendo sobre *Um Lance de Dados*, que se trata de um "espetáculo ideográfico" (*Variété*, II).

Em 1914, é Apollinaire quem retoma o fio condutor dessa evolução de formas poéticas, ao teorizar: "[...] nada de narração, dificilmente poema, se quiserem: poema ideográfico. Revolução: porque é preciso que nossa inteligência se habitue a compreender sintético--ideograficamente, em lugar de analítico-discursivamente". É bem verdade que o "caligrama" de Apollinaire se perde na pictografia, exterior, imposta (no poema com forma de objetos, na figuração artificial à composição); mas sua formulação teórica (contida no artigo "Diante do Ideograma de Apollinaire", de autoria do próprio poeta, sob o pseudônimo de Gabriel Arboin) é fecunda e profética.

Também nos futuristas e dadaístas vamos encontrar tributos a essa linha de pesquisas. É ainda Apollinaire quem se refere, no artigo citado, às experiências de Soffici, Marinetti, Cangiullo, Ianelli etc.; todavia, a cinemática descritiva dos futuristas, o freneticismo subjetivista, o ultrarromantismo hipostasiado na máquina que os caracteriza impediram que, em suas composições, prevalecesse um mínimo de organização construtiva: um exemplo típico é o poema "Tipografia", do livro *BïF§ZF+8 / Simultaneità / Chimismi lirici*, de Ardengo Soffici, publicado em 1915; letras e símbolos tipográficos, algarismos etc., servem de mero *décor* à apresentação de estrofes de andadura tradicional, dispostas assimetricamente. Coisa semelhante ocorre com os dadaístas, pregadores da "pura idiotia" e do caos artístico. Não obstante, será necessário referir os estímulos vivificantes que ainda hoje podem ser encontrados no *Manifesto Técnico da Literatura Futurista* de Marinetti (onde a experiência de Mallarmé encontra eco) e num documento como, por exemplo, a pouco lembrada *Nota para o Burguês*, que Tristan Tzara após ao poema simultaneísta "O Almirante Procura uma Casa para Alugar" (1916): vincula Tzara o poema simultâneo às pesquisas pictóricas dos cubistas, ao *Un Coup de Dés* de Mallarmé, às "palavras em liberdade" de Marinetti, à pregação de H. Barzun (*Voix, rythmes et chants simultanés*), ao "novo gênero de poema visual" praticado por Apollinaire; todavia, a resultante dadaísta rejeita, deliberadamente, a noção de estrutura coerente, definindo Tzara seu propósito como o de possibilitar "a cada ouvinte a ligação das associações convenientes. Cada um reterá os elementos característicos para sua personalidade, os entremeará, os fragmentará etc., ficando, de todo modo, na direção que o autor canalizou". O poema (escrito em colaboração com Hülsenbeck e Janko) compõe-se de sete grupos de versetos lineares, trilíngues (alemão, inglês, francês) e um interlúdio sonorista. Os versetos produzem um livre associacionismo, sem qualquer inter-relação direta: o espaçamento das palavras em cada verseto permite, verticalmente, outros jogos arbitrários de associações: nada mais, nada menos do que o "automatismo psíquico" sistematizado depois, sem o mesmo gosto lúdico e inventivo, pelos surrealistas capitaneados por Breton.

Mas a técnica ideogrâmica de composição ficou no ar, informando a mente criativa contemporânea, como a traduzir uma necessidade intrínseca do pensamento moderno no seu esforço de comunicação imediata e total de formas verbais. Como advertia Edward Sapir escrevendo em 1921 (*Language*): "Acredito que qualquer poeta inglês de hoje seria grato à concisão que um poetastro chinês atinge sem esforço". Para não nos alongarmos sobre um tópico que já tem sido amplamente abordado em artigos que anteciparam a mostra da poesia concreta (principalmente: "Poesia-estrutura", "Poema-ideograma" e "Pontos-periferia: Poesia Concreta", de Augusto de Campos, publicados, respectivamente, nas edições de 20.3.1955 e 27.3.1955, do *Diário de S. Paulo*, e no "Suplemento Dominical" do *Jornal do Brasil*, de 11.11.1956), bastaria dizer que, à luz da técnica sintético-ideogrâmica de compor, é que se poderá compreender a contribuição poética de E. E. Cummings —que se confessa "extraordinariamente preocupado com aquela precisão que cria o movimento" – ou a estrutura de um romance-poema como o *Finnegans Wake* de Joyce, cuja analogia, sob este ponto de vista, com *Os Cantos* de Ezra Pound é enfatizada por H. Kenner (*op. cit.*, p. 186; ver também "The Portrait in Perspective", na coletânea *James Joyce: Two Decades of Criticism*, pp. 158-159); e, com o *Un Coup de Dés*, por Robert Greer Cohn (*L'Oeuvre de Mallarmé – Un Coup de Dés*), para quem o *Finnegans Wake* tem mais pontos de contato com o último poema de Mallarmé do que com qualquer outra criação literária. Por outro lado, Eisenstein mostra em seu livro *Film Form* a relação entre o "princípio cinematográfico e o ideograma", exemplificando sua tese, do ponto de vista literário, com a técnica joyciana do *Finnegans Wake*.

Finalmente, como prova culturmorfológica da atualidade do problema, da importância de uma sintonização crítica com essa tradição viva de composição sintético-ideogrâmica, abafada e estrangulada pela morna reação das estéticas de retaguarda e conformismo, é de se apontar, na jovem poesia europeia, a posição de Eugen Gomringer; este, secretário de Max Bill e professor na Hochschule für Gestaltung, em Ulm (sucessora do Bauhaus), empenhou-se, em contemporaneidade cronológica com o que vinham fazendo alguns jovens poetas de São Paulo, em compreender a dialética evolutiva das formas poéticas, chegando a um elenco básico de autores quase idêntico ao estabelecido, como hipótese de trabalho, por aqueles. Embora não tenha incluído Ezra Pound em seu *paideuma*, Gomringer, no artigo "Vom Vers zur Konstellation – Zweck und Form einer neuen Dichtung" ("Do Verso à Constelação – Função e Forma de uma Nova Poesia"), publicado na revista *Spirale*, n. 5, Berna, Suíça, afirma:

[...] redução em sentido positivo – concentração e simplicidade – é a essência da poesia; [e, mais adiante]: a constelação é a possibilidade mais simples de organizar a poesia fundada na palavra. Como um grupo de estrelas, um grupo de palavras forma uma constelação. Duas, três ou mais palavras – não é preciso que sejam muitas – ordenadas vertical e horizontalmente: se estabelece uma relação ideia-coisa. E eis tudo!

Essas postulações coincidem, em linhas gerais, com as que Pound derivou da poesia chinesa: o princípio de condensação (*dichtung = condensare – gists and piths* / "essências e medulas") e o método ideogrâmico de compor: justaposição direta de elementos em conjuntos geradores de relações novas (o que Gomringer, a exemplo de Mallarmé, denomina de "constelação").

Feito este levantamento crítico, será fácil compreender qual a importância que, para a moderna estética da poesia, possui o sistema chinês de escrita – o ideograma, afirmação que não deve ser tomada como um desejo de substituir simplesmente uma ordem linguística por outra, mas que parte da consideração do instrumento ideográfico como o processo mental de organização do poema em exata consonância com a urgência por uma comunicação mais rápida, direta e econômica de formas verbais que caracteriza o espírito contemporâneo, antidiscursivo e objetivo por excelência. Por isso também chamamos o poema que concebemos como uma unidade totalmente estruturada de maneira sintético-ideogrâmica (todos os elementos sonoros, visuais e semânticos – verbivocovisuais – em jogo) de *poema concreto*.

2. É A POESIA CONCRETA ARTE RACIONALISTA, NO SENTIDO DE QUE TODA EXPERIÊNCIA DEVE CRISTALIZAR-SE EM IDEIA CLARA E DISTINTA?

Uma das preocupações fundamentais de E. P. & Fenollosa no ensaio sobre o ideograma chinês como instrumento para a poesia é, justamente, demonstrar o fracasso da lógica tradicional, do silogismo, como princípio ordenador da poesia: em seu lugar, é proposto o método ideogrâmico, com uma espécie de "lógica poética". Evidentemente, a poesia concreta repudia o irracionalismo surrealista, o automatismo psíquico, o caos poético individualista e indisciplinado, que não conduz a qualquer tipo de estrutura e permite – como já disse alguém —uma espécie de "comunismo do gênio". O poema concreto não se nutre nos limbos amorfos do inconsciente, nem lhe é lícita essa patinação descontrolada por pistas oníricas de palavras ligadas ao sabor de um subjetivismo arbitrário e inconsequente. Do mesmo modo, a poesia concreta rejeita a poesia discursiva, o jogo oratório de conceitos, o poema narrativo, com ordem sintática semelhante à do discurso lógico. O poema concreto é submetido a uma consciência rigorosamente organizadora, que o vigia em suas partes e no todo, controlando minuciosamente o campo de possibilidades aberto ao leitor. Nesse sentido, de obra rigorosa, de problema conscientemente proposto e resolvido em termos artísticos, de corpo irreversível onde tudo é posto em função de uma vontade implacável de estrutura, é que podemos aplicar à meta do poema concreto – como o fez D. Pignatari – o verso do último Fernando Pessoa: "ser raro e claro".

3. A POESIA CONCRETA SUBSTITUI O VERSO, COMO BASE FORMAL DO POEMA, PELO ESPAÇO. DE QUE ESPAÇO SE TRATA? DO ESPAÇO REAL (CHEIO, HETEROGÊNEO, COLORIDO ETC.) OU DO ESPAÇO ABSTRATO, "O ESPAÇO IDEAL" INDICADO POR BERGSON COMO O INSTRUMENTO FUNDAMENTAL DA PURA INTELIGÊNCIA ("UN MILIEU ÉTENDU, HOMOGÈNE ET VIDE, INFINI ET INFINIMENT DIVISIBLE")?

O espaço a que nos referimos é o espaço de organização do poema. O campo gráfico, aquilo que Mallarmé chamava de "branco" da página.

Todavia, se é inegável que mesmo uma noção precisa de técnica de composição – o espaço gráfico, campo de atuação dessa "força relacional", que é o ritmo (para recorrermos a uma expressão de D. Pignatari) – possa ser porosa às mais fecundas especulações da mente moderna, não nos parece cabível explicar o valor do espaço na poesia concreta através de categorias estritamente bergsonianas.

Realmente, Susanne Langer (*Feeling and Form*) evidencia "o principal obstáculo a uma filosofia da arte na rica e nova apreensão bergsoniana do tempo – sua oposição radical ao espaço, o repúdio a qualquer propriedade que ele pudesse partilhar com o espaço". Ora, na poesia concreta, o espaço está irremissivelmente ligado ao tempo, de modo a se poder falar com mais propriedade num verdadeiro *espaço-tempo*. Continua Susanne Langer (tomando o exemplo da música):

> As frequentes referências a *espaço musical* na literatura técnica não são puramente metafóricas; há ilusões definidamente espaciais criadas na música, à parte do fenômeno do volume, que é literalmente espacial, e do fato de que o movimento logicamente envolve o espaço, o que seria tomar muito ao pé da letra o conceito de movimento. [...] O fato de que a ilusão primária de uma arte possa aparecer, como um eco, como ilusão secundá-

ria em outra, dá-nos uma sugestão da comunidade básica das artes. Como o espaço pode aparecer subitamente na música, o tempo pode ser inserido nas obras visuais. [...] A ilusão primária sempre determina a "substância", o real caráter de uma obra de arte, mas a possibilidade de ilusões secundárias confere-lhe a riqueza, a elasticidade e a ampla liberdade de criação que fazem a verdadeira arte tão difícil de ser colhida nas redes da teoria.

Por seu turno, A. A. Mendilow, examinando o conceito de Lessing de artes espaciais e temporais, afirma (*Time and the Novel*):

Assim, será *assumir um ponto de vista* muito estreito associar demasiadamente coexistência com artes espaciais e sucessão com artes temporais. Lessing e muitos dos críticos modernos que estudaram a matéria identificaram de maneira excessivamente exata o instrumento de expressão com suas limitações lógicas. Passaram por cima do fator de ilusão através do qual podem ser comunicados efeitos extra-instrumentais. [...] Tais esforços para introduzir a ilusão de sucessão nas artes espaciais e de coexistência nas temporais através de experimentos com efeitos extra-instrumentais dão base para oposição à ideia de Lessing de que uma arte só pode atingir seu efeito de maneira a mais plena quando se satisfaz em trabalhar dentro dos limites temporais ou espaciais do seu instrumento.

Na verdade, pode-se quase afirmar que as mais significativas experiências e inovações feitas por pintores, escultores, compositores e romancistas derivam não apenas da exploração total das qualidades inerentes ao seu instrumento de trabalho, mas, sobretudo, precisamente de suas tentativas em transcendê-lo e introduzir efeitos e ilusões além das estritas capacidades do instrumento limitativo. [...] O grau em que isso é realizado poderia talvez servir como um índice do progresso de uma arte de um estágio mais simples para outro mais complexo e mais altamente organizado.

As tendências contemporâneas da arte realmente criativa são uma comprovação dessas formulações teóricas, que, se representam um postulado válido para a arte em geral, nunca foram tão agudamente significativas como atualmente.

Fenollosa & Pound (ensaio referido) avançam a noção da possibilidade de estruturação espaçotemporal do poema como uma das mais importantes conquistas do método ideogrâmico de compor. Advertem inicialmente:

> Em que sentido pode o verso, escrito em termos de hieróglifos visíveis, ser considerado verdadeira poesia? Pareceria talvez que a poesia – uma arte temporal como a música – urdindo suas unidades através de sucessivas impressões de som, dificilmente poderia assimilar um instrumento verbal consistente precipuamente de apelos semipictóricos ao olho.

E respondem:

> Uma superioridade da poesia verbal como arte reside em seu apego à realidade fundamental do tempo. A poesia chinesa tem a vantagem única de combinar ambos os elementos. Fala, simultaneamente, com a vivacidade da pintura e com a mobilidade dos sons. Em certo sentido, é mais objetiva do que ambas (poesia verbal ou pintura), mais dramática. Lendo chinês, não estaremos fazendo prestidigitações mentais, mas contemplando coisas cumprirem seu próprio destino.

Também Adelheid Obradovic (*Die Behandlung der Räumlichkeit im späteren Werk des James Joyce*) mostra como Joyce, em sua obra da última fase – partindo de um esquema bergsoniano e sob o influxo da concepção da *durée réelle* – acaba, "na aplicação, por parecer ironizá-lo". Não mais se trata de um tempo desprovido de qualquer estrutura espacial, mas de um espaço-tempo: "place all space in a notshall" (= *nut-shell* – casca de noz). Através dessa interpenetração orgânica (*Durchdringung*), cada unidade "verbivocovisual" é, simultaneamente, continente-conteúdo da obra inteira, *myriadminded* no instante.

Semelhante problema se coloca na música moderna, como elucida o jovem compositor de vanguarda Michel Fano, servindo-se, para esse fim, de termos de comparação tomados à literatura:

Se é evidente que o tempo é necessário à comunicação, não é menos certo que ele não é mais concebível atualmente como suporte de um vetor de desenvolvimento. Joyce e Cummings demonstraram poderosamente as consequências literárias dessa noção, realizando uma totalidade da significação no instante, provocando a necessidade duma apreensão total da obra para a compreensão de cada uma de suas partes, atingindo assim o princípio gestaltiano que não se pode deixar de evocar quando se trata do conceito serial.

Por outro lado, uma das principais características da pintura concreta é a sua preocupação com o movimento, superando, qualitativamente, nesse sentido, a tendência rigorosamente estatizante de um Mondrian. Não se trata, porém, da figuração do movimento, da pintura da velocidade, como o entenderam os futuristas, mas o movimento resultante visualmente do impacto de relações no quadro, criando um "tempo" próprio no âmbito de uma arte – a pintura – definida como espacial (aliás, o próprio Mondrian, na série *boogie--woogie*, já se enquadraria nessa pesquisa).

4. ADMITE O CONCRETISMO A POESIA NÃO-ESCRITA, ISTO É, A UNIDADE SIMULTÂNEA DE POESIA E VIDA CONSUBSTANCIADAS EM UMA *WELTANSCHAUUNG*, OU SÓ ADMITE O FATO POÉTICO A PARTIR DO IDEOGRAMA?

A poesia concreta julga procedente aquela posição da estética contemporânea (representada, por exemplo, pelos críticos formalistas russos e do círculo linguístico de Praga), que considera a obra literária como algo existente por seu próprio direito, independentemente de elementos biográficos ou de outra natureza. Assim, o poema concreto propõe-se a ser uma coisa vigente por si mesma, uma relação de materiais determinada estruturalmente pelo poeta. A poesia em vida –

ambição romântica à qual não deixa de filiar-se esse misto de "capela literária, colégio espiritual, igreja e sociedade secreta" que, segundo Sartre, é o surrealismo – é algo estranho ao poema e que, no seu extremo, acaba mesmo prescindindo dele. Veja-se, por exemplo, a teoria da poesia "atividade do espírito", do antigo dadaísta Tristan Tzara, que culmina por rejeitar a poesia meio de expressão, a obra de arte, em prol de uma expressão total da personalidade na vida e na ação. Em lugar da poesia estado místico, da poesia ato mágico, das várias vivências parapoéticas, a poesia concreta supõe o poeta factivo, trabalhando rigorosamente sua obra (o poema objeto útil, de consumação), como um operário um muro, um arquiteto seu edifício. Eugen Gomringer, a respeito de suas "constelações", escreve: "A constelação não é nenhuma receita, formal ou temática. Ela não se propõe a nomear o 'demasiadamente humano' – problemas sociais e eróticos. Se esses problemas não puderem ser cabalmente resolvidos na vida, eles pertencerão talvez à literatura especializada". O poema concreto não se arroga funções catárticas: ele é uma realidade em si, não um sucedâneo da vida. A "poesia não-escrita" escapa à órbita de interesses do poeta concreto, cujo centro é o poema: ela – o que quer que seja – não constitui propriamente um problema poético, mas psicológico.

5. NÃO SE ENCAMINHAM OS CONCRETISTAS À DESCOBERTA DA "MÁQUINA DE POESIA", SEMELHANTE À ARTE COMBINATÓRIA DE RAIMUNDO LULLO?

A poesia concreta é uma poesia "em situação". Ela não se recusa, como o Rilke da nona elegia de Duíno, à máquina e aos seus produtos. Longe dela o misticismo artesanal. Para começar, o poema concreto – como o quadro concreto pintado a revólver – é composto diretamente à máquina: o espaçamento fixo e a regularidade dos tipos permitem, com esse instrumento de trabalho típico do homem moderno, um maior controle dos elementos em jogo do que, evidentemente, ocorreria na peça manuscrita. A poesia concreta é uma arte do presente: isto não obsta, porém, que ela possa prever, no futuro, a aparição de outros meios de comunicação escrita que a possam beneficiar ou mesmo pense em pôr a seu serviço meios já existentes e não experimentados ainda em fins criativos (Augusto de Campos, em *noigandres* 2, já considerava a possibilidade de utilizar luminosos ou *filmletras* para os poemas em cores do "poetamenos", tendo chegado mesmo a escrever, nesse sentido, uma carta a Abrahão Palatnik...). As possibilidades de uma arte combinatória obtida através de meios eletrônicos, a cibernética etc., interessam extremamente, como novas perspectivas de organização do material poemático, ao poeta concreto. A música criativa, por exemplo, é hoje representada pelos compositores que usam, como elemento de base, o *som sinusoidal*, fornecido por um gerador eletrônico de frequências, o que lhes permite chegar a uma organização total e sinteticamente serial (Stockhausen). Nem por isso esse caminho da música moderna pode ser tachado de mecanicista ou como fadado a substituir o compositor pela "máquina pensante". Esta acusação já foi feita ao próprio princípio serial dodecafônico, a ela respondendo Michel Fano da seguinte forma:

Do mesmo modo que uma escrita dodecafônica não implica a presença instantânea dos doze sons, também o poder dialético da série não pode pretender ocasionar uma totalidade estatística de estruturas; para tanto, melhor seria confiar às *máquinas de pensar* eletrônicas o cuidado de compor toda a música que ainda não existe, sem erros nem omissões! Afirmamos, ao contrário, que, se é eleita uma série por todas as possibilidades de funções que ela deixa entrever, só a criação põe o compositor em face das reações próprias à matéria que ele ordena e lhe permite operar a torção do deliberado no instante, respeitando assim as exigências do imprevisível. [...] Esse surgimento permanente da vontade criadora é uma das mais extremas consequências da série e lhe define o poder *não-previsível*.

Coisa semelhante ocorre com o método ideogrâmico de compor em que se baseia a poesia concreta. Quanto aos futuros instrumentos que o artista criativo terá à sua disposição, convém lembrar as palavras incisivas de Pierre Schaeffer (À *la Recherche d'une Musique Concrète*):

Começam a ser concebidas e construídas máquinas capazes de ler, isto é, de traduzir o grafismo em sons. São as primeiras máquinas verdadeiramente falantes. Assim poderão existir máquinas suscetíveis de traduzir o mundo do espaço num mundo de duração. Retomando o exemplo precedente, essas máquinas poderiam traduzir em sons uma composição pictórica. Espíritos fechados em um falso espiritualismo se indignarão com esse pensamento, e a palavra robô será pronunciada (não sem um certo automatismo…). Não se trata de esperar de tais máquinas a criação duma sinfonia automática, mas sim os meios ilimitados duma sinfonia voluntária. Tudo dependerá do quadro a ser lido e das relações funcionais que o artista técnico estabelecerá entre os valores espaciais e temporais.

6. QUER A LINGUAGEM CONCRETISTA DESTRUIR E SUPERAR O MUNDO OBJETIVO NATURAL OU VISA, PELO CONTRÁRIO, UMA ADEQUAÇÃO SOB MEDIDA AO OBJETO DA CONSCIÊNCIA EMPÍRICA?

O poema concreto vige por si mesmo. Ele se acrescenta ao mundo dos objetos como uma entidade nova, dotada de caracteres irreversíveis. Não é uma linguagem instrumental, não é intérprete de objetos, mas sim um objeto por direito próprio. Como tal, ele não pretende destruir e superar o mundo objetivo natural, mas afirmar-se, autarquicamente, ao seu lado, como objeto-ideia, como coisa-poética, regido por suas leis específicas. Ao poema concreto podem-se aplicar as palavras de Jung sobre o *Ulysses* de Joyce: "Du sagst nichts und verrätst nichts, o Ulysses, aber Du wirkst" ("Tu nada dizes nem transmites, ó Ulisses, mas tu viges").

7. PODER-SE-IA DIZER QUE A POESIA NÃO-CONCRETA ESTÁ PARA A POESIA CONCRETA ASSIM COMO O RETRATO PARA A RADIOGRAFIA?

Não. O elemento descritivo, estranho ao processo artístico, implícito nessa proposição, desfiguraria o problema. Preferiríamos dizer –

para evitar o risco das esquematizações a que uma aparente *trouvaille* pode levar – que o poema concreto está para o não-concreto como a pintura concreta para a figurativa ou mesmo para a abstratização hedonística, e a música concreto-eletrônica para a tradicional. Esta será uma comparação clarificadora, porque, recusando-se às seduções superficiais de qualquer torneio vocabular destacado da real estrutura da obra de arte, se funda, justamente, numa observação concomitante de estruturas – verbais, visuais e sonoras – cuja problemática, contemporaneamente, tem numerosos pontos de contato. Diga-se que Mallarmé, Mondrian e Webern pertencem a uma única família de inventores de formas e se estará no miolo da questão.

8. POSSIBILIDADES DO CONCRETISMO DENTRO DO TEATRO.
Mondrian, no manifesto do "neoplasticismo" (*Princípio Geral da Equivalência Plástica*), publicado pela primeira vez em 1920, considera o teatro como possível campo de aplicação de sua "plástica nova". Diz ele:

> Para o homem novo o teatro é um sacrifício ou pelo menos uma superfluidade. O espírito novo atingindo seu ponto culminante interiorizará o gesto e a mímica: realizará na vida cotidiana o que o teatro mostrou e descreveu pelo exterior. Contudo, enquanto esse ponto não for atingido o teatro guardará sua razão de ser: ele responderá a uma necessidade pela continuidade do trágico, ainda que este último tenha perdido sua potência dominadora. Mas, em sua aparição nova, ele deve se transformar. Os futuristas sentiram isso com profundidade e o expressaram em seu manifesto. Uma transformação lógica não é entretanto possível enquanto as artes que nele colaboram não sejam mudadas em plástica nova. [...] Assim, o teatro poderia tornar-se o grande instigador do "novo" por representações em "plástica nova". Mas a isso se renunciará ainda por muito tempo, pelas grandes dificuldades materiais que comporta, pois, devendo tudo se apresentar sob uma aparição inteiramente nova, exigiria uma preparação muito

grande. O teatro esperará, pois, até que as outras artes se tenham transformado: então ele as seguirá normalmente.

É sabido que, hoje em dia, o chamado teatro de vanguarda é de ascendência nitidamente surrealista (*Les Épiphanies*, de Henri Pichette, de 1947, é um exemplo frisante), contentando-se com jogos de palavras e situações em que predomina o automatismo associativo ou um certo desejo decadentista de pulverização caótica como espelho do "mundo absurdo". Todavia, está por ser feito um estudo crítico das possibilidades criativas da evolução de formas no campo do teatro, redundando em algo que responda aos anseios proféticos de Mondrian. É necessário recuperar toda uma tradição escamoteada de tentativas de teatro novo: o "teatro sintético" futurista, do grupo de Marinetti, com as experiências de arquitetura teatral de Prampolini; a contribuição construtivista russa para um teatro estruturalista (a "cenoestrutura" de um Rabinovitch, por exemplo); o teatro *Merz* imaginado por Kurt Schwitters:

> O teatro *Merz* é uma obra de arte abstrata. O drama e a ópera, regra geral, se desenrolam a partir da forma de um texto escrito, que é uma obra completa em si mesma, sem o palco. A montagem cênica, a música e a representação servem apenas para ilustrar o texto, que, por sua vez, já é uma ilustração da ação. Em contraposição, todas as partes da obra cênica *Merz* são inseparavelmente ligadas umas às outras; não devem ser escritas, lidas ou ouvidas, somente podem ser produzidas no teatro. [...] Como, na poesia, uma palavra é jogada contra a outra, aqui fator é jogado contra fator, material contra material. A montagem cênica pode ser concebida em termos aproximadamente iguais aos de um quadro *Merz*. As partes da montagem movem-se e modificam-se, vivem sua própria vida.

Kandinsky, e sua "síntese teatral abstrata" ("die abstrakte Bühnensynthese"), incluindo o exame de suas peças (*Der gelbe Klang – Ressonância Amarela*, por exemplo, publicada em 1912); as experiências de Xanti Schawinsky e Oskar Schlemmer, no Bauhaus, nesse campo (Schlemmer, referindo-se à linguagem como "talvez o mais importante elemento do drama", observa:

> [...] por enquanto nós nos contentamos com o jogo mudo de gesto e movimento, com a pantomima, mas acreditamos firmemente que dia virá em que deles se desenvolverá a linguagem de um modo completamente natural. Queremos compreender as palavras não como na literatura, mas num sentido elementar, como um evento, como se fossem ouvidas pela primeira vez).

Entre nós, há a ser reconsiderada a quase desconhecida obra teatral de um Oswald de Andrade. Todo esse levantamento crítico-criativo, do qual apontamos apenas alguns vetores, deverá ser feito para que se atinja uma resultante válida e atuante no momento histórico, num caminho semelhante ao que julgamos ter percorrido para chegar à concepção da poesia concreta. Como hipótese de trabalho, pode-se pensar na poesia concreta – uma trilha verbal ideogrâmica – funcionando dentro de um mimodrama (melhor seria: *mimograma*) em correlação com música e cenoplastia renovadoras. Todavia, fique claro que a poesia concreta não pretende ser um sucedâneo para todos os tipos de linguagem, e que há domínios – como o de certa prosa (inclusive certo "teatro de ideias"), em que a função da palavra é a de um mero índice neutro de grandes movimentos temáticos – que são perfeitamente distintos de seu campo de interesse. Além do mais, não há como situar o problema do teatro, sem colocar, paralelamente, o de sua prevalência, como linguagem, face aos recursos e possibilidades do cinema.

forma, função e projeto geral*
DÉCIO PIGNATARI

A postulação já clássica: "a forma segue a função", envolvendo a noção de beleza útil e utilitária, significa a tomada de consciência do artista, tanto artística quanto economicamente, frente ao novo mundo da produção industrial em série, no qual, *et pour cause*, a produção artesanal é posta fora de circulação, por antieconômica, anacrônica, incompatível e incomunicável com aquele mundo impessoal, coletivo e racional, que passa a depender inteiramente do *planejamento*, em todos os sentidos, níveis e escalas.

Face às grandes contradições antagônicas entre a produção industrial e a produção artística artesanal – que abriram um abismo entre a arte e o público – a conjunção do útil com o belo tornou-se uma tentativa necessária, a fim de atender a um novo tipo de consumidor, o "consumidor de projetos físicos" ("consumer of physical design") – no dizer de Neutra – e de superar a fase individualista de rebeldia crítica contra a máquina, que apenas conduzira ao desenho de "belas" máquinas inúteis picabianas, puramente literárias. O Bauhaus marca o *turning point* daquela tomada de consciência, no sentido positivo-construtivo: belas máquinas úteis.

* Publicado originalmente na revista *ad – arquitetura e decoração*, n. 24, São Paulo, julho/agosto de 1957.

No tratamento formal da nova realidade, era evidente que a arquitetura e o urbanismo, implicando as funções mais altas e complexas, como são as de um objeto artístico a ser realmente, integralmente, literalmente *vivido*, individual e coletivamente, devessem capitanear a proposição e solução dos grandes e pequenos problemas da arte moderna, quando já não fosse por sua própria presença física, dinâmica e constante, oriunda da necessidade.

As artes visuais encontraram na arquitetura e no urbanismo, bem como no desenho industrial, no cinema, na propaganda, um vasto campo possível de aplicações, enquanto, por urgência de uma comunicação mais rápida e incisiva – mais econômica – a nossa época se colocava sob o signo da comunicação não-verbal. A música nova, eletrônica, já começa a ser introduzida no cinema, na televisão e no rádio, para efeitos de sonoplastia. A poesia concreta, por recente, apenas principia a entrever possibilidades utilitárias na propaganda, nas artes gráficas, no jornalismo.

Contudo, o objeto útil ou utilitário, em que a *forma*, sem deixar de ser criativa, apenas busca a justa paráfrase de uma *função* (que em outras condições, como na arquitetura, é sinônimo de *conteúdo*), não pode absorver toda a capacidade de criação das artes, que ainda encontram na ideia-objeto autônoma a mais consequente e profunda de suas manifestações.

É assim, pois, que pintura, escultura, poemas e romances continuam e continuarão a ser produzidos, como objetos válidos em si mesmos, objetos que criam formalmente a sua própria função, exibindo a ideia sensível que são. Objetos-bens-de-consumo, sim, mas no âmbito do pensamento e da sensibilidade, inconversíveis que são a valores meramente utilitários. Essas obras de arte são verdadeiros bens de raiz do pensamento e da cultura universais, cuja função – universal – é a de atuarem como projetos ou configurações gerais da forma de uma época, leis genéricas e concretas da forma, que se consubstanciam em inúmeros objetos e manifestações particulares, contribuindo *basicamente* para a formação da linguagem comum do tempo, do seu estilo. Como exemplo flagrante, cite-se o neoplasticismo de Mondrian, a governar fachadas de edifícios, decorações, *layouts*, *displays* e a propor uma nova *forma mentis*, uma nova atitude sensível-formal do homem. Nos últimos anos, vemos o concretismo, em suas várias manifestações, ensaiar uma nova forma geral, que não revoga as anteriores, mas procura absorvê-las criticamente.

Somente num plano histórico total pode o binômio *forma-função* contribuir para o julgamento de valor das obras de arte em si, ou puras, estruturas formais de todo um organismo cultural. Quanto mais objetivamente gerais e impessoais – quanto mais objetivamente universais – tanto mais belas.

Vê-se, pois, que a diferença de problemas, envolvendo respectivamente os termos de *forma-e-função* e *projeto geral*, é não tanto uma diferença de natureza, quanto uma diferença hierárquica de configurações ou ideogramas culturais.

a moeda concreta da fala*

AUGUSTO DE CAMPOS

Pergunta-instigação: O QUE COMUNICA UM POEMA CONCRETO?
Num sentido amplo, poder-se-ia responder desde logo que comunica o mesmo que um poema não-concreto, um poema qualquer. Isto é: que *não* comunica o mesmo que o discurso, entendida esta palavra na conceituação de Susanne K. Langer como "a linguagem em seu uso literal". Grande parte da obra de Susanne Langer tem sido devotada à demonstração da natureza simbólica não-discursiva da arte e da poesia em contraposição ao simbolismo discursivo da linguagem literal. Susanne Langer prefere mesmo não falar em *comunicação* com referência à poesia, para distinguir qualitativamente a função e os efeitos que lhe são peculiares. A poesia exerceria o que Langer denomina de "função formulativa da linguagem, normalmente coincidente com as funções comunicativas, mas largamente independente delas". Algumas citações de seu livro mais recente, *Problems of Art*, poderão esclarecer melhor sua teoria:

* Publicado originalmente no "Suplemento Dominical" do *Jornal do Brasil*, Rio de Janeiro, 1.9.1957.

Pensamos nela (na linguagem) como um artifício para a comunicação entre os membros de uma sociedade. Mas a comunicação é apenas uma, e talvez nem mesmo a primeira, de suas funções (70)[1].

A estrutura do discurso expressa as formas da cogitação racional; eis por que chamamos tal modalidade de pensar "discursiva" (124).

A expressão das formas do que poderia ser denominado a vida mental "não-logicizada" (um termo que devemos ao prof. Henry M. Sheffer, de Harvard), ou o que é usualmente chamado a "vida do sentimento", requer uma forma simbólica diferente (125).

Um símbolo artístico não significa, mas apenas articula e apresenta seu conteúdo emotivo (134).

O material da poesia é a linguagem; seu motivo, ou modelo, comumente a fala discursiva, mas o que é criado não é o discurso real – o que é criado é uma aparição composta e ordenada de uma nova experiência humana (148).

A poesia não é um discurso embelezado, um modo particularmente eficaz de contar coisas, muito embora as estruturas poéticas possam ocorrer no discurso com verdadeiro efeito artístico (151).

As asserções poéticas estão para as asserções reais assim como os pêssegos visíveis em uma natureza-morta para uma sobremesa (152).

A poesia dimana do poder da linguagem para formular a aparência da realidade, um poder fundamentalmente diferente da função comunicativa, ainda que implicado com ela na evolução da fala. O puro produto do uso formulativo da linguagem é a criação verbal, a composição, a arte; não o relato, mas *poesis* (160).

1. Os números se referem às páginas da primeira edição, New York, Charles Scribner's Sons, 1957.

Ponto agudo da questão, apenas aflorado por Susanne Langer, é o fato de a poesia, cuja natureza é essencialmente não-discursiva, utilizar-se do arcabouço linguístico lógico-discursivo. Como filósofo da arte, Langer interessa-se em constatar e clarificar a constatação, sem modificar o fato; no caso, limita-se a advertir que, embora revestindo-se das formas linguísticas, e, pois, submetendo-se às leis do discurso, o poema funciona, ao mesmo tempo, em outro nível semântico. Donde não ser lícito confundir, por esse motivo, o poético com o discursivo.

Ao poeta, porém, diretamente implicado no processo criativo, não lhe é dado assumir uma posição de indiferença perante tal fato. Esse dualismo do objeto poético, fonte de tantos equívocos sobre a natureza da poesia, traz em si mesmo os germes dialéticos de sua solução. Talvez toda uma história da evolução da poesia pudesse ser traçada a partir da contradição entre os propósitos não-discursivos da poesia e os meios (a sintaxe lógico-discursiva) por ela empregados. Por sua feição não-utilitária, a poesia, ainda que precipuamente não--discursiva, teria que curvar a cabeça às imposições da linguagem prática, e, por conseguinte, ao arcabouço lógico moldado especialmente para o uso simbólico-discursivo. Daí que a história da evolução da poesia é e sempre foi uma história de revolução, de tentativas e tentativas de forçar a clausura por todas as portas, desde a rima e o metro até o processo de alienação metafórica (cujo excesso vem a dar no surrealismo).

Saímos já do questionamento no plano da comunicação, ou melhor, no nível semântico da poesia concreta que, como vimos, é basicamente o mesmo de toda a poesia, ou seja, a simbolização não--discursiva, o uso formulativo da linguagem, para entrarmos na fundamentação específica, ética e formal, da poesia concreta.

Não-discursiva, não-prática, não-utilizável, a poesia pode e tende a reivindicar para si uma liberdade de expressão que a linguagem de uso literal não procura e não possui. A linguagem simbólico-discursiva, cujo intento último é a comunicação, satisfaz-se facilmente uma vez alcançado esse desiderato. Donde sua tendência irresistível à formalização, ou antes, à formulização; a funcionalidade logo se converte em funcionalismo.

Um linguista do porte de Edward Sapir fala com apreensão dos efeitos da tirania do uso sobre a linguagem, aventando mesmo a possibilidade de chegar um dia em que não nos reste nas mãos mais do que um sistema de formas das quais terá desaparecido toda a coloração vital e que só persistirão por inércia.

A alguém que decidiu que todas as coisas são definitivamente boas ou más, ou definitivamente brancas ou negras, ser-lhe-á difícil chegar a admitir que uma determinada coisa possa ser ao mesmo tempo boa ou má (em outras palavras, indiferente), ou ao mesmo tempo branca ou negra (isto é, cinza), e mais difícil reconhecer ainda que as categorias bom-mau ou branco-negro possam não ter a menor aplicação. A linguagem, sob muitos pontos de vista, é tão irracional e tão rígida em suas classificações como o seria um espírito que procedesse dessa forma. A linguagem precisa ter um pombal com compartimentos estanques para cada pombo e não tolera as aves erradias. TODO CONCEITO QUE SOLICITE EXPRESSÃO NECESSITA SUBMETER-SE ÀS REGRAS CLASSIFICATÓRIAS DO JOGO, ASSIM COMO EM CERTOS QUESTIONÁRIOS ESTATÍSTICOS ONDE ATÉ MESMO O ATEU MAIS CONVICTO NECESSITA FORÇOSAMENTE RECEBER A ETIQUETA DE "CATÓLICO", "PROTESTANTE" OU "JUDEU", PORQUE DO CONTRÁRIO SE DESCONHECERIA SUA EXISTÊNCIA. (SAPIR, *El Lenguaje*, ed. Breviários del Fondo de Cultura Económica, pp. 116-117.)

Os poetas são as antenas da raça. (EZRA POUND)

É como se em um período do passado o inconsciente da raça houvesse feito um inventário precipitado da experiência, lançando-se a uma classificação prematura que em breve não mais admitia revisões, e tivesse deixado os herdeiros de seu idioma amarrados a uma ciência à qual já não outorgam o menor crédito, e que ao mesmo tempo não têm forças para destronar. (SAPIR, *op. cit.*, p. 117.)

A poesia é fundação do ser mediante a palavra. HEIDEGGER.

A verdadeira missão social da poesia seria essa de arregimentar as energias latentes na linguagem para destronar os seus dogmas petrificadores, vivificando-a, donde a extremada exigência ético-estética da poesia realmente digna desse nome, que prefere correr o risco de ver DESCONHECIDA SUA EXISTÊNCIA a ser etiquetada pelos padrões inquisitórios da linguagem.

Donner un sens plus aux mots de la tribu. (MALLARMÉ)

To keep the language efficient. (POUND)

Mesmo quando circunstancialmente divorciada do grande público, como hoje (e nesse caso a missão social da poesia estaria limitada a um plano mais alegórico do que factivo), é de crer que a poesia possa intervir, ainda que *a posteriori*, à medida que o tempo vá permitindo a absorção das novas formas, no sentido de pelo menos compensar o atrofiamento da linguagem relegada à função meramente comunicativa.

Se, portanto, a poesia concreta de hoje, como a poesia criativa de outras épocas, se distancia dos cânones linguísticos tradicionais a que a maior parte do público está aferrada, não o faz por esporte ou por ânsia de originalidade. Fá-lo por consciência de uma responsabilidade. Responsabilidade total, aceita como missão última do poeta perante a própria poesia como perante a vida da linguagem.

Não que a poesia pretenda usurpar à linguagem discursiva a função comunicativa peculiar a esta. Mas é que o sistema linguístico de comunicação, facilmente satisfeito, como que exaure à palavra sua vitalidade própria, transformando-a logo num túmulo-tabu, célula morta de um organismo vivo. O procedimento da poesia é exatamente o contrário.

A linguagem é o principal meio de comunicação humana. Se o sistema nervoso de um animal não transmite sensações e estímulos, o animal atrofia. (EZRA POUND)

A poesia (e tomamos a palavra no sentido amplo, envolvendo também a prosa ficcional), ao mesmo tempo que exige a sua autonomia perante a linguagem comunicativa, pode e deve atuar sobre ela, como um dique contra a degenerescência verbal. Quando se compreender (se um dia se compreender) em toda a sua extensão essa importância social da poesia, o poeta deixará de ser o eterno desengajado, passando a desempenhar, reconhecida e não mais clandestinamente, a verdadeira função que lhe compete na sociedade. ARTISTAS: ANTENAS.

Do que se disse sobre a exigência ético-estética da poesia não se conclua, todavia, que ela tenha que caminhar para a criação de um vocabulário, um léxico e uma sintaxe inteiramente *ab ovo*, o que induziria fatalmente a uma intransitividade semântica, sob todos os pontos de vista, indesejável.

Joyce pôde realizar a proeza de construir duas das obras máximas de todos os tempos (*Ulysses* e *Finnegans Wake*) em poesia e/ou romance, desenvolvendo um tipo de linguagem especial e inaudito. Inaudito mas não intransitivo, se bem que por vezes tenha superestimado as capacidades champollionescas de seus leitores. Pois que o "panaroma of all flores of speech" ("panaroma de todas as flores da fala") joyciano não chega a sair da linguagem, baseando-se no amálgama a alta pressão e compressão de vocábulos já existentes emprestados de várias línguas, mediante os processos fundamentais de montagem e de fusão de palavras. Contudo, mesmo reconhecendo a extraordinária importância da experiência de Joyce, não podem os poetas concretos admitir como suscetível de continuação o radicalismo de seu "esperanto" literário, com toda a carga de elementos artesanais e subjetivos de que é provido. Como perspectiva para o futuro, ao menos no que toca à poesia (para o romance, Joyce ainda representa o que há de mais consciente e consistente como estrutura-função não-discursiva), uma solução à Joyce não atenderia aos requisitos de clareza e objetividade que os poetas concretos reconhecem como cada vez mais indispensáveis para tornar transitivas e funcionantes as novas estruturas formais do poema.

Grande literatura é linguagem carregada de sentido ao máximo grau possível. (POUND)

A revolta da poesia concreta não é contra a linguagem. É contra a infuncionalidade e a formulização da linguagem. E contra a sua apropriação pelo discurso que a converte em fórmula. Ora, evidentemente, nem tudo na linguagem discursiva é infuncional. Mas também nem tudo o que é funcional na linguagem discursiva o é também no nível não-discursivo. Na poesia, por definição, tudo deve ser funcional. Mas nem tudo o que é funcional para a poesia o será também para o uso discursivo. Por isso, a poesia concreta não pretende ser uma panaceia para substituir a linguagem discursiva. A poesia concreta circunscreve o seu próprio âmbito e função autônomos dentro do campo da linguagem. Mas pretende influir sobre o discurso, na medida em que puder revivificar e dinamizar suas células mortas, impedindo a atrofia do organismo comum: a linguagem.

Por outro lado, não há razão para supor que os poetas concretos tenham criado uma nova linguagem, ou seja, que sua poesia escape por completo a qualquer categoria formal da linguagem. Se suas estruturas não coincidem com um determinado tipo de estrutura linguística (a ocidental, ou indo-europeia, de modo geral) imposto pela tirania do hábito, isto não quer dizer que os poetas concretos não se sirvam de procedimentos conceituais e gramaticais universalmente conhecidos.

Quais são os conceitos absolutamente indispensáveis da fala, os conceitos que devem ser expressos se se quer que a linguagem seja um meio satisfatório de comunicação? É evidente, por princípio, que necessitamos ter um bom sortimento de conceitos básicos ou radicais, a moeda concreta da fala. Necessitamos ter coisas, ações, qualidades acerca das quais possamos falar, e estas necessitam ter seus símbolos correspondentes em palavras independentes ou em elementos radicais. Nenhuma proposição, por muito abstrata que seja em sua finalidade, é humanamente possível se não se vincula, por um ou mais pontos, ao mundo concreto dos sentidos. Em toda proposição inteligível devem expressar-se pelo menos duas destas ideias radicais, se bem que, em alguns casos excepcionais, uma delas ou as duas possam estar subentendidas pelo contexto. E, em segundo lugar, devem expressar-se aqueles conceitos de relação que vinculam entre si os conceitos concretos e constituem uma forma definida e fundamental da proposição. (SAPIR, *op. cit.*, p. 109.)

A poesia concreta não refoge a esse mínimo múltiplo comum da linguagem. Ao contrário, é justamente na MOEDA CONCRETA DA FALA, tão desgastada e falsificada pela linguagem discursiva, que a poesia concreta vai buscar (água da fonte) os elementos fundamentais de sua expressão.

Nesse sentido, a poesia concreta não pode deixar de encontrar afinidades com aqueles idiomas cuja estrutura é de molde a colocar a maior ênfase nos elementos essenciais da fala, como é o caso do chinês. Nunca será demais que o Ocidente, tão vaidoso de si mesmo, volte de vez em quando os olhos para o mundo oriental, assim como o "civilizado" olha o primitivo, para tomar algumas lições de humildade, e verificar em sua própria carne o exotismo e o barbarismo que julga inerentes àquele.

O estudo "The Chinese Written Character as a Medium for Poetry", de Fenollosa-Pound, pôs em foco todo um mundo de virtualidades poéticas existentes na estrutura do ideograma chinês.

Sapir observa a abundância de conceitos de relação dispensáveis ou inessenciais nos idiomas ocidentais, coisa que em absoluto ocorre com o chinês. Examinando a frase latina *illi albi homines qui veniunt*, demonstra que cada uma dessas palavras é portadora de quatro conceitos: um radical, e três conceitos de relação, escolhidos entre as categorias de caso, número, gênero, pessoa e tempo. Do ponto de vista lógico, unicamente o caso exigiria ser expresso.

Os demais conceitos de relação são simples parasitas (o gênero em toda a frase, e o número no demonstrativo, no adjetivo, no pronome relativo e no verbo), ou carecem de qualquer importância para a forma sintática essencial da frase (o número do substantivo; a pessoa; o tempo).

Comenta Sapir:

Um chinês dotado de inteligência e sensibilidade, acostumado que está a ficar com a medula mesma da forma linguística, poderá dizer, depois de compreender a frase latina: "que imaginação mais cheia de pedantismo!". Há de ser difícil para ele, ao entrar em contato, pela primeira vez, com as ilógicas complexidades de nossas línguas europeias, sentir-se à vontade frente a uma atitude que em tão grande medida confunde o assunto material do que se fala com seu esquema formal, ou, para dizê-lo com maior precisão, que destina certos conceitos fundamentais concretos a empregos tão secundários de relação. (*op. cit.*, pp. 113-114.)

A MOEDA CONCRETA DA FALA. A MEDULA MESMA DA FORMA LINGUÍSTICA

Poesia = *dichten* = *condensare*. POUND.

"Man kill duck" (homem matar pato) seria a versão inglesa de uma frase chinesa que equivale praticamente a "o homem mata o pato"; nessa frase, nenhuma pessoa de fala chinesa tem consciência dessa sensação de coisa infantil, vacilante e incompleta que experimentamos ante a tradução literal inglesa. Os três conceitos concretos – dois objetos e uma ação – se exprimem de maneira direta, mediante três correspondentes palavras monossilábicas que são, ao mesmo tempo, elementos radicais; os dois conceitos de relação – "sujeito" e "objeto" – se expressam tão somente pela posição das palavras concretas antes e depois da palavra que indica ação. E isso é tudo. O caráter definido ou indefinido da referência, o número, a personalidade, enquanto aspecto inerente ao verbo, o tempo – e não falemos no gênero – nenhuma dessas coisas recebe expressão na frase chinesa, a qual, apesar de tudo, é uma comunicação inteligível e perfeita (com a condição, claro está, de que exista esse contexto, essa base para o mútuo entendimento que é indispensável para a completa inteligibilidade de qualquer coisa que se diga). (SAPIR, *op. cit.*, p. 108.)

Interessante acentuar as coincidências de visão entre Fenollosa e Sapir. Se o segundo se atém mais propriamente ao campo geral da linguagem, sem se aprofundar no domínio específico da língua e da escrita chinesa, não deixa de corroborar, até certo ponto, as conclusões do primeiro. Nem se pode dizer que Sapir tenha ficado indiferente ao dinamismo poético do idioma chinês. No capítulo "A Linguagem e a Literatura" de seu famoso livro, diz, a certa altura:

Creio que qualquer poeta de língua inglesa de nossos tempos invejaria a concisão que, sem o menor esforço, pode conseguir um poetastro chinês. Eis aqui um exemplo, traduzido literalmente para o inglês:

Wu-river stream mouth evening sun sink
north look Liao-tung, not see home.
Steam whistle several noise, sky-earth boundless,
float float one reed out middle-kingdom.

Estas poucas palavrinhas (28 sílabas no original chinês) poderiam interpretar-se da seguinte maneira: "Na desembocadura do rio Yang-tsé, enquanto o sol se põe, olho para o norte, para Liao-tung, mas não vejo minha casa. A sereia do vapor silva várias vezes sobre a infinita extensão em que se confundem céu e terra. Flutuando mansamente, como uma cana, o barco sai do reino médio". (SAPIR, *op. cit.*, p. 257.)

Que o maior poeta moderno de língua inglesa, Ezra Pound, tenha recebido marcada influência, em toda a sua obra, da estrutura da poesia e do idioma chinês é mais do que um acontecimento fortuito. Não apenas a compreensão dos *Cantos* se facilita através do entendimento das potencialidades poéticas do ideograma. As traduções de *Cathay*, de vários textos confucianos, inclusive a verdadeira proeza que é a versão das 305 odes para o inglês, são um testemunho que nenhum poeta posterior pode ignorar. Pound, mais do que reviver o chinês, incorpora a estrutura linguística chinesa, como um valor definido, à problemática da poesia moderna, fazendo atuante a teoria de Ernest Fenollosa.

Um estudante japonês nos EUA, indagado sobre a diferença entre prosa e poesia, respondeu: A POESIA CONSISTE EM ESSÊNCIAS E MEDULAS. (EZRA POUND, *ABC of Reading.*)

No exemplo do poema chinês fornecido por Sapir, o leitor terá percebido certamente a absoluta predominância dos substantivos e verbos sobre outras quaisquer "partes da oração". Uma sensação bastante parecida experimentará se examinar alguns dos textos mais típicos da poesia concreta.

A falou mal de *b* e *a* falou cobras e lagartos de *b*. O abstrato e o concreto. O estático e o dinâmico na linguagem.

Sapir demonstrou como se pode "verbificar" a ideia de qualidade em casos como o de "it is red" (é vermelho), que seria possível substituir por "it reddens" (avermelha), e que se deveria poder exprimir com "it reds", não fosse a peculiaridade do idioma inglês. Demonstrou igualmente como podemos representar uma qualidade ou uma ação como uma COISA:

> Falamos da altura de um edifício ou da queda de uma maçã como se essas ideias fossem paralelas ao teto de um edifício ou à casca de uma maçã, esquecendo que os substantivos *altura* e *queda* não deixaram de indicar uma qualidade e uma ação, ainda que os tenhamos feito falar com o acento de verdadeiros objetos. E assim como existem idiomas que convertem em verbos muitíssimos adjetivos, outros há que os tomam como material para fabricar substantivos. Em *chinook* (língua de uma tribo índia do rio Colúmbia – América do Norte), a frase "a mesa larga" se expressa numa forma mais ou menos equivalente a "a-mesa sua-largura"; em tibetano, a mesma ideia pode exprimir-se por uma frase que equivale a "a mesa de largura", mais ou menos como nós podemos dizer "um homem de dinheiro" em lugar de "um homem rico". Mesmo uma relação de lugar pode "nominalizar-se": a expressão "he came to the house" poderia ser substituída por "he reached the proximity of the house" ou "he reached the house-locality".
> (SAPIR, *op. cit.*, pp. 138-139.)

Conclusão de Sapir:

> Nenhuma língua desconhece por completo a distinção entre substantivo e verbo, ainda que em certos casos particulares seja difícil captar a natureza da distinção. Com as demais partes da oração não sucede o mesmo, NENHUMA DELAS É INDISPENSÁVEL PARA A VIDA DA LINGUAGEM (p. 140).

Fenollosa vai mais longe, evidenciando que, em chinês, os verbos estão na raiz de todas as palavras quer sejam elas adjetivos ou preposições, conjunções ou pronomes, ou mesmo substantivos. "O verbo deve ser o fato primário da natureza, uma vez que movimento e transformação é tudo o que podemos reconhecer nela"[1].

Um dos fatos mais interessantes da língua chinesa é o de que nela poderemos ver não apenas as formas das sentenças, mas literalmente as partes da oração crescendo, brotando umas das outras. Como a natureza, as palavras chinesas são vivas e plásticas, porque coisa e ação não estão separadas formalmente. A língua chinesa naturalmente não conhece gramática. Foi só mais tarde que estrangeiros, europeus e japoneses, começaram a torturar esse idioma vital para forçá-lo a adequar-se ao gabarito de suas definições. Introduzimos em nossa leitura do chinês toda a debilidade de nossos próprios formalismos. O que é especialmente melancólico em poesia, onde a principal necessidade, mesmo em nossa própria poesia, é manter as palavras tão flexíveis e cheias de seiva da natureza quanto possível. (FENOLLOSA)

Em chinês há uma palavra, *ming* ou *mei*. Seu ideograma é o sinal do sol justaposto ao sinal da lua. Serve como verbo, substantivo, adjetivo. Escreve-se literalmente: "o-sol-e-a-lua do copo" para dizer "o brilho do copo". Como verbo, escreve-se "o copo sol-lua", o que corresponde, numa forma enfraquecida de pensar, a "é como o sol", i. é, "brilha". "Copo sol-lua" é, naturalmente, "um copo brilhante". Não há confusão possível do sentido real, embora um *scholar* estúpido pudesse passar uma semana tentando decidir que "parte da oração" deveria usar para traduzir um pensamento muito simples e direto do chinês para o inglês. (FENOLLOSA, *op. cit.*, p. 198.)

---

1. Ernest Fenollosa e Ezra Pound, "The Chinese Written Character as a Medium for Poetry", *The Little Review Anthology*, New York, Hermitage House Inc., p. 199.

Cantiga de roda:

palma	pé	roda	caranguejo
palma	pé	roda	peixe
palma	pé	roda	é

NOMINALIZAÇÃO E VERBIFICAÇÃO, na poesia concreta, constituem uma característica dominante mas não exclusiva, um vetor e não um mandamento. O adjetivo é uma função concreta sempre que traduza uma qualidade substancial e substantiva, essencial e não-decorativa. Poderíamos exemplificar com o poema "mar azul" de Ferreira Gullar, constituído basicamente dos seguintes vocábulos: *mar azul – marco azul – barco azul – arco azul – ar azul*. Aqui o adjetivo *azul* de tal modo se incorpora, que acaba conferindo-se a si próprio uma vitalidade substantiva. Já no poema "branco" de Haroldo de Campos ("branco branco branco branco / vermelho / estanco vermelho / espelho vermelho / estanco branco") a função substantiva se superpõe definitivamente ao adjetivo, pois é do branco e do vermelho, da cor branca, da cor vermelha, precisamente, que se fala.

Como no chinês, a tendência é para desprezar certos conceitos secundários de relação: donde o emprego de verbos estar sempre vetoriado para a infinitivação, ou antes, para uma totalidade da ação. Assim, no poema de Haroldo de Campos, o verbo *estanco* aparece psicologicamente infinitivado. Os conceitos de relação (tempo, número, pessoa) entram em desfunção. O sujeito é praticamente o próprio poema. Se se abstrai a estrutura fonética, poder-se-ia colocar o verbo em outro tempo, número ou pessoa, sem dano para a ideia-*Gestalt*.

Em muitos poemas concretos, o próprio verbo pareceu dispensável. A relação sintática se faz entre os substantivos. Ainda aqui o poeta concreto não foge aos esquemas formais da linguagem. Sabe-se que as relações entre substantivo e substantivo são das mais fecundas no procedimento gramatical das palavras compostas, principalmente em certas línguas como o chinês, o inglês e o alemão. Não será um despropósito, portanto, esperar que o leitor de poesia relacione duas ou mais palavras, compondo com elas uma unidade mais complexa, uma *Gestalt*: é esse o caso do poema de Gomringer, construído com as palavras *baum, kind, hund, haus* (árvore, criança, cachorro, casa).

Vê-se que os conceitos de substantivo, verbo, adjetivo são algo irredutíveis para conter a dinâmica do poema concreto, que transborda dessas categorias, sem, é claro, atingir a flexibilidade do chinês, do qual se pode dizer com Fenollosa:

> Os caracteres chineses não são exclusivos, não representam determinada "parte da oração", mas são compreensivos: o que não quer dizer que não sejam nem substantivos, nem verbos, nem adjetivos, mas que têm a propriedade de ser todas essas coisas de uma vez e a qualquer tempo (*op. cit.*, p. 19).

Os elementos fonéticos auxiliam a criação das relações entre as palavras, funcionando como fatores-de-proximidade-e-semelhança para um todo visual e estabelecendo uma espécie de corrente eletromagnética que atrai ou repele as palavras. Assim, no poema "hombre", de Décio Pignatari, as trocas vocálicas assimilam os substantivos *hombre – hembra – hambre* num todo gestáltico-semântico funcionante. Dizer *homem – mulher – fome* poderia ser suficiente do ponto de vista do conteúdo, mas faltaria imantação ao conjunto. Aqui, vale ainda lembrar, quanto à percepção conceitual do poema, que o processo de trocas vocálicas ou consonânticas, frequentemente ligado ao da reduplicação, tem profundas raízes na linguagem, sendo capaz de relacionar palavras para expressar desde o conceito de tamanho ou número até outros mais complexos.

Não-discursividade. Síntese. Circunscrição aos conceitos absolutamente indispensáveis da fala: os conceitos básicos, coisas, ações, qualidades: A MOEDA CONCRETA DA FALA + os conceitos essenciais de relação. Nominalização e verbificação. = ÍNDICES-VETORES DA POESIA CONCRETA EM FACE DA LINGUAGEM.

Com tudo o que se disse, é possível que fique esclarecido um ponto importante. A poesia concreta não se dissocia da linguagem, nem da comunicação. Mas despe a armadura formal da sintaxe discursiva. Em relação a esta afirma sua autonomia, eliminando a contradição entre natureza não-discursiva e forma discursiva. Num estágio de maior desenvolvimento, não mais se define em função desta sintaxe, mas tão somente em função da linguagem em si mesma, assim como o pintor não mais se define em função da figura ou da perspectiva, mas em função de uma pura visualidade. Pura visualidade onde, porém, o adjetivo *pura* não significa desligamento da realidade e da natureza, pois é esta própria que fornece os puros elementos dessa visualidade. Nesse momento, qualquer definição de poesia concreta em relação à sintaxe tradicional deixa de ter sentido. Assim como a pintura concreta não mais se define em termos de antimaçã, de antifigura, pois "ela é hoje tão real como a própria maçã" (Waldemar Cordeiro), assim chega o momento em que a poesia não mais precisa definir-se em termos de antissintaxe, ou de antidiscurso. Ela passa a vigir por suas próprias normas, por suas próprias condições, assentadas estas, sem dúvida, nas raízes concretas da linguagem.

branco   **branco**   **branco**   **branco**
vermelho
estanco   **vermelho**
                   espelho   **vermelho**
                                      estanco   **branco**

haroldo de campos

hombre
hambre

hembra

         hombre

         hambre
         hembra

                  hombre
                  hembra

                  hambre

décio pignatari

construir e expressar*
DÉCIO PIGNATARI

Tudo isto não indica outra coisa senão que: a vontade de *construir* superou a vontade de *expressar*, ou de *se expressar*. O poema, impessoal, passa a ter deliberada função coletiva, "pois que o canto é que faz cantar", como diz Fernando Pessoa, e não apenas a vontade catártica de cantar ou de se expressar através do canto, o que já é interpretação. Um operário que trabalha uma peça ao torno não escreve nela o seu nome ou a sua revolta. A lucidez racional da máquina lhe ensina a perceber a irracionalidade básica das relações de produção capitalistas: constrói edifícios com vidro *rayban* e sabe que nunca irá morar neles; constrói superluxuosos aviões e sabe que nunca poderá voar neles. E sabe também que só poderá acabar com as injustiças sociais através de ideias e ações claras e conjugadas. E se algum poeta lhe vier dizer: "Nós plantamos a rosa de amanhã", com certeza ele estará inclinado a pensar que isso não passa de uma demagogia e de uma vigarice da pior espécie. O operário quer um poema racional, que lhe ensine a agir e pensar como a máquina lhe ensina – e se gosta de rosas, há de preferi-las reais, que as alegóricas já es-

* Trecho extraído de "A Coragem de Construir", prefácio a *Fluxograma*, de Jorge Medauar, São Paulo, Clube de Poesia, 1959; republicado na página "Invenção", *Correio Paulistano*, 11.9.1960.

tão felizmente mortas em sua sensibilidade positiva. Portanto, aos poetas, que calem suas lamúrias pessoais ou demagógicas e tratem de construir poemas à altura dos novos tempos, à altura dos objetos industriais racionalmente planejados e produzidos. Problemas pessoais, resolvam-nos na vida prática ou confiem-nos à literatura especializada – como quer Eugen Gomringer. O operário ama a máquina – enquanto intelectuais caridosos ficam a clamar contra ela e contra a mecanização do homem, sem nunca ter sequer se abeirado do problema. Problemas há, e gravíssimos, mas os únicos que nos podem ensinar algo de útil sobre o assunto são os que tentaram solucioná-los a partir das premissas da revolução industrial. Um Walter Gropius, por exemplo. Os outros se contentam com choramingas cômodas e parasitárias, emitidas de dentro do apartamento duplex da casca de ovo de seu desnascimento.

dois novos poemas concretos*
HAROLDO DE CAMPOS

A poesia concreta ora enfatiza o sintático, ora enfatiza o semântico, dentro de seu programa geral de beleza, que implica, como grandes balizas, a ideia de uma sintaxe relacional-visual e de uma redução semântica.

Décio Pignatari, em "caviar", trabalha o semântico. Um poema em que a dimensão existencial das "ações intermediárias", de que está kafkianamente prenhe o nosso cotidiano, se resolve na falsa ação de pseudoverbos: substantivos ficticiamente verbificados e desencadeados num círculo semiológico vicioso, no qual eles próprios são também o objeto da pretensa ação verbal. O último elemento do poema, no qual os outros desembocam, é, por sua vez, um verbo artificialmente montado, imbricando as ideias de *temporalizar* e *contemporizar*. Notar a exata disposição visual, regida pelo eixo central de *oo* e pela linha-limite dos *rr* finais, bem como a calculada sucessão dos pseudoverbos, da primeira até a última conjugação (*caviar, prazer, porvir, torpor*), que pode recomeçar *da capo* com o verbo-portmanteau *contemporalizar*. "Criticism of life", sim, mas via palavra.

* Publicado originalmente na página "Invenção", *Correio Paulistano*, 17.4.1960.

caviar o prazer
prazer o porvir
porvir o torpor
contemporalizar

 José Lino Grünewald, por sua vez, extrai, no plano deste seu poema aqui reproduzido, as possíveis consequências da dialética semântico-visual *forma-informação*. Este pequeno enunciado, por si só carregado de significação, não é sujeito a uma exposição discursiva, mas presentificado através das cambiâncias de prefixação, num crescendo-decrescendo visual. Um poema didático? Poderia ser entendido assim, caso se pensasse numa didática em ação ou de ações, pois este também é um poema de verbos – não pseudoverbos – verbos verdadeiros (apenas *forma* é bivalente, incluindo a ideia substantiva), em movimento recíproco.

forma
reforma
disforma
transforma
conforma
informa
forma

ovo novo no velho*
DÉCIO PIGNATARI

Símias de Rodes, lá por 300 a.C., escreveu um *ovo* estupendo. *Technopaegnia*. Está na Antologia Grega e na pequena antologia de poemas em forma de coisa organizada pelo jovem poeta norte-americano Charles Boultenhouse para *Art News Annual* XXVIII, 1959, de onde o desaninhei juntamente com vários de seus comentários. Não para efeitos de descoberta, mas para efeitos críticos. Esse tipo de descoberta é bom para os curupiras da cultura: trilando "nada de novo sob o sol", ainda tentam pilhar a poesia concreta em impedimento. Progride o rastro retrógrado a cada calcanhar para a frente.

Poemas em forma de coisa compareceram regularmente na literatura até (por estranho que seja) o lançamento da Antologia Grega sob forma impressa. Até então, a Antologia fora uma fonte inseminadora da imaginação poética, tanto por sua matéria figurada como pela não-figurada. Talvez a forma esotérica da primeira tenha sido expelida da literatura ao se divulgar por esse novo meio, talvez tenha desaparecido ante o clima intelectual da Idade da Razão ou ainda pela ideia setecentista de *clássico*, demasiado rígida. De qualquer modo, não foi senão nos fins do século XIX, com sua

* Publicado originalmente na página "Invenção", *Correio Paulistano*, 8.5.1960.

crescente exigência do novo, que o poema figurado retornou à vida. Nosso atual período vem testemunhando a criação de uma grande variedade de configurações, em reforço da vitalidade da forma. (BOULTENHOUSE)

O desaparelhamento cria desnecessidades.

É sina das criações históricas completamente novas serem tomadas como imitações de formas mais velhas e mesmo defuntas, com as quais podem guardar alguma semelhança. (KARL MARX)

Ovo, de Símias, porém, é mais do que um simples poema *em forma de:* sendo um dos primeiros poemas figurados ocidentais que se conhecem, é também o primeiro poema simultaneísta, uma vez que o 1º verso é a primeira linha; o 2º, a última linha; o 3º, a segunda linha; o 4º, a antepenúltima – e assim por diante, até a linha final (central), que "acelera as múltiplas medidas do canto" (*polyploka metíei métra molpas*).

Sua novidade não se gastou. Nenhum mofo pode apegar-se a um poema que seu autor não só chama de ovo e põe em forma de ovo, mas do qual se declara também a "mãe gorjeante", identificando-se com um "rouxinol dórico". A ideia é tão engenhosa como se tivesse sido criada por Apollinaire e tão profunda como se concebida por Mallarmé. (BOULTENHOUSE)

Dorias aedonos, Mallarmé helênico, abala a sucessão linear dos versos, tal como o faria 23 séculos depois – com consequências decisivas para a poesia – o mestre de *Un Coup de Dés*, insurgindo-se contra o ir-e-vir dos olhos na leitura das linhas-versos. Em sua fisiognomia genético-descritiva – formando-se na medida mesma em que se vai informando – o poema se estrutura num isomorfismo fundo-forma de alto nível, patente o propósito de uma poesia inventiva.

"Il faut savoir pisser aussi utilement que les cigales pour savoir chanter comme elles" (condensando a informação de um caligrama de Apollinaire).

No terceiro volume de *Literatura no Brasil*, panorama crítico-florilégico orientado por Afrânio Coutinho, o sr. Péricles Eugênio da Silva Ramos, tratando do concretismo, estabeleceu a ligação entre o poema de Símias e o "ovo novelo", de Augusto de Campos. Pena é que, podendo seguramente oferecer mais, tenha encerrado quase que sumariamente o assunto com uma citação lateral de Puttenham (*The Art of English Poesie*, 1589) e uma certa sobranceria irônica um tanto sem propósito, senão desproposital.

Inquestionavelmente significativo, porém, é que Puttenham – por extravagância, inspiração ou gênio intuitivo – cabe aos eruditos decifrá-lo – transformou os antigos *Eixo* e *Ovo*, juntamente com outras formas emprestadas da geometria, em equivalentes das ideias platônicas, das essências numéricas pitagóricas ou ainda – para usar o jargão da metade deste século – dos arquétipos junguianos. Estas formas abstratas (que correspondem à "coroa solar" do persa Shahin Gitay) nunca integraram a principal tradição da poesia inglesa, embora, possivelmente, tenham influenciado o desenvolvimento das formas estróficas. Tiveram, no entanto, uma inesperada revivescência no extraordinário poema "Vision and Prayer", de Dylan Thomas. (BOULTENHOUSE)

Boultenhouse leva em consideração apenas a segunda e definitiva versão do poema de Thomas (sem mencionar a primeira), tal como aparece nos *Collected Poems*, 1934-1952. Dividido em duas partes ou séries de "estrofes": forma fechada e/ou cheia, na primeira (losango – dois triângulos unidos por um lado); forma aberta e/ou vazia, na segunda (*triquet* – dois triângulos unidos pelo vértice). Fisiognomia: gravidez da mulher e/ou poética do autor, na primeira; situação após – *délivrance*, na segunda. Temática simbólica: morte, na primeira; ressurreição, na segunda. É suficiente para mostrar que essas formas puramente visuais não são impostas arbitrariamente aos elementos verbais do poema, como sucede nos *pattern poems* exemplificativos de Puttenham (que os tinha como originários do Oriente – *en passant*). E ainda mais: elas concorrem para e decorrem da sístole-diástole dos "versos": sinestesia cinética. De outra parte, estes procedimentos formais "externos", apoiados na repetição, implicam outros, internos, também repetitivos, isomórficos: rimas internas, assonâncias, aliterações, sugestões simultaneístas de leitura também na "vertical" e mesmo predominância estatístico-visual de certas letras – como a da letra o, no primeiro losango (que aqui reproduzimos, p. 186).

Imagine-se a incômoda posição de um crítico que repelisse "Vision and Prayer", sob a alegação de que "isso" já foi feito e que é pelo menos tão velho quanto Símias de Rodes!

Um poema configurado é sempre novo, porque faz volver o poema à simplicidade original da linguagem escrita, à experiência primitiva, vivida, imediata e mágica de um som combinado com um signo. Pode o som ser disposto em muitos ritmos e evocar muitas imagens, mas a dupla experiência de olhar e ler nos dá a sensação de que tudo está recomeçando do nada. É isto que une os autores de poemas configurados: Apollinaire a Mallarmé, Mallarmé ao antigo grego Símias. Ser novo, no sentido do poema configurado, é sinal inconfundível de espírito de vanguarda – e, na verdade, de todas as formas de literatura que a Antiguidade nos legou, esta é a única que permanece vanguarda ainda hoje.
(BOULTENHOUSE)

É realmente interessante observar que a configuração "externa" se faz acompanhar de processos de fatura "interna" constantes (a aliteração, por exemplo) nos três poemas aqui especialmente considerados. O poema de Augusto de Campos, pela temática, liga-se mais a Dylan Thomas; pela forma arquetípica, a Símias, realizando a conjunção de ambos, embora de ambos se distinguindo por sua forte redução sintático-discursiva. Ainda para efeito de confronto, compare-se, em sua genética didática, o poema de José Lino Grünewald, "forma"[1], de configuração hexagonal.

A forma primitiva de "Vision and Prayer" se encontra no livro *Deaths and Entrances*, 1949. São aí contrapostas: uma forma convexa, protuberante (gravidez) e uma forma côncava, reentrante (pós-parto). Nesta última forma evidencia-se mais claramente a conotação visual *asas* (de que o *triquet* não deixa de ser uma variante – e que Símias também consignou, em outro poema), paralela à conotação da fênix. Tanto nesta versão como na definitiva, pode-se também entender a contraposição de: *asas fechadas* e *asas abertas*.

Velho ou novo, florescente ou decadente, o que é importante na história do poema em forma de coisa é a sua significação como forma: sua contribuição básica para a re-criação sem fim da arte poética. (BOULTENHOUSE)

E no fim, talvez, uma nota cabível, de posição: poesia concreta não é apenas e necessariamente poesia *em forma de*. O aparelhamento crítico-informativo, criando novas necessidades de invenção e empenhando-se em repor (ou pôr) em circulação toda uma tradição de vanguarda, tanto se volta para os antigos, como os gregos (a que os concretos já faziam referência em entrevista para o *Diário Popular*, São Paulo, 22.12.1956), como se dinamiza nos atuais campos de pesquisas, onde a poesia concreta, por muito abrir e franquear, dizem alguns calcanhares que é limitada...

---

1. Comentado e reproduzido em "Dois Novos Poemas Concretos", de Haroldo de Campos, neste volume, pp. 177-178.

Κωτίλας
τῇ τόδ ἄτριον νέον
πρόφρων δὲ θυμῷ δέξο· δὴ γὰρ ἁγνᾶς
τὸ μὲν θεῶν ἐριβόας Ἑρμᾶς ἔκιξε κάρυξ
ἄνωγε δ᾽ ἐκ μέτρον μονοβάμονος μέγαν πάροιθ᾽ ἀέξειν
θοῶς δ᾽ ὕπερθεν ὦκα λέχιον φέρων νεῦμα ποδῶν σποράδων πίφαυσκεν
θοαῖς ἴσ᾽ αἰόλαις νεβροῖς κῶλ᾽ ἀλλάσσων ὀρσιπόδων ἐλάφων τέκεσσιν
πᾶσαι κραιπνοῖς ὑπὲρ ἄκρων ἱέμεναι ποσὶ λόφων κετ᾽ ἀρθμίας ἴχνος τιθήνας
καί τις ὠμόθυμος ἀμφίπαλτον αἶψ᾽ αὐδὰν θὴρ ἐν κόλπῳ δεξάμενος θαλαμᾶν μυχοιτάτῳ
κἆιτ᾽ ὦκα βοᾶς ἀκοὰν μεθέπων. ὅγ᾽ ἄφαρ λάσιον νιφοβόλων ἀν᾽ ὀρέων ἔσσυται ἄγκος
ταῖσι δὴ δαίμων κλυτᾶς ἴσα θοοῖς δονέων ποσὶ πολύπλοκα μετίει μέτρα μολπᾶς
ῥίμφα πετρόκοιτον ἐκλιπὼν ὔρουσ᾽ εὐνάν, ματρὸς πλαγκτὸν μαιόμενος βαλίας ἐλεϊντέκος
βλαχαὶ δ᾽ οἴων πολυβότων ἀν᾽ ὀρέων νομῶν ἔβαν τανυπφύρων ἐς ἀν᾽ ἄντρα Νυμφῶν
ταὶ δ᾽ ἀμβρότῳ πόθῳ φίλας ματρὸς ῥώοντ᾽ αἶψα μεθ᾽ ἱμερόεντα μαζὸν
ἴχναι θένωι .. ταν παναίολον Πιερίδων μονόδουπον αὐδὰν
ἀριθμὸν εἰς ἄκραν δεκάδ᾽ ἰχνίων κόσμον νέμοντα ῥυθμῶν
φῦλ᾽ ἐς βροτῶν, ὑπὸ φίλας ἑλὼν πτεροῖσι ματρός
λίγειά μιν κἄμ᾽ ἴφι ματρὸς ᾠδίς
Δωρίας ἀηδόνος
ματέρος.

símias de rodes

ovo
novelo
novo no velho
o filho em folhas
na jaula dos joelhos
infante em fonte
feto feito
dentro do
centro

augusto de campos

Who
Are you
Who is born
In the next room
So loud to my own
That I can hear the womb
Opening and the dark run
Over the ghost and the dropped son
Behind the wall thin as wren's bone?
In the birth bloody room unknown
To the burn and turn of time
And the heart print of man
Bows no baptism
But dark alone
Blessing on
The wild
Child

dylan thomas

I turn the corner of prayer and burn
  In a blessing of the sudden
    Sun. In the name of the damned
     I would turn back and run
       To the hidden land
        But the loud sun
         Christens down
          The sky.
           I
         Am found.
        O let him
       Scald me and drown
      Me in his world's wound.
     His lightning answers my
    Cry. My voice burns in his hand.
   Now I am lost in the blinding
One The sun roars at the prayer's end.

a temperatura informacional do texto*

HAROLDO DE CAMPOS

Uma restrição que tem sido feita à poesia concreta – e, por vezes, com ênfase quase apocalíptica (houve quem falasse em "castração voluntária" e até mesmo quem ameaçasse os lançadores do concretismo com uma "temporada no inferno dantesco"...) – é a de um "empobrecimento da linguagem".

Sem entrarmos numa consideração mais genérica – a de que toda disciplina artística implica uma voluntária limitação de meios, e exemplificaríamos, em poesia, com a *terza rima* de Dante, ou, mais pronunciadamente ainda, com a rigorosa trama melopaica das *sextinas* de Arnaut Daniel, restringindo, forçosamente, o número de opções linguísticas de ambos os poetas –, procuraremos situar a discussão no âmbito objetivo da análise estética. Com seu instrumental quanto possível preciso, e livre das petições de princípio gustativo-emocionais, poderemos tentar serenamente a identificação linguístico-estética da característica que deu margem à referida restrição, para, num segundo tempo, enquadrá-la, e ao objeto poemático a que distingue, no processo geral de evolução de formas, assim como no contexto cultural, dos quais decorrem sua necessidade e sua justificação.

* Publicado originalmente na *Revista do Livro*, ano V, n. 18, Rio de Janeiro, INL, junho 1960.

Deve-se ao filósofo da estética e crítico Max Bense, ao expor sua *teoria do texto* numa sinopse geral de sua concepção da *teoria da literatura*, a que deu o título de "Klassifikation in der Literaturtheorie" (*Augenblick*, 2/58), a introdução, para efeitos estéticos, do teorema do linguista Mandelbrot ("Linguistique Statistique Macroscopique", em *Logique, Langage et Théorie de l'Information*, Paris, 1957) sobre a "temperatura informacional do texto". Convencionando-se como 1 o limite mais alto da temperatura informacional do texto, ela será, num texto dado, tanto maior quanto mais próxima de 1. Em casos tais, para Mandelbrot, "as palavras disponíveis são *bem empregadas*, pois mesmo as palavras raras são utilizadas com frequências apreciáveis". Temperatura baixa, por outro lado, ocorre quando "as palavras são *mal empregadas*, pois as palavras raras são extremamente raras", segundo formulação do mesmo linguista. Do primeiro caso, Mandelbrot, baseando-se em Zipf, dá como exemplo James Joyce, cujo vocabulário é "muito variado"; do segundo, a *linguagem das crianças*.

É preciso, porém, para fazermos a transposição estética desses conceitos, termos presente a advertência de Max Bense, de que Mandelbrot "limitou-se a averiguações linguísticas", ou seja, seu teorema da "temperatura informacional do texto" está ligado à "informação documentária ou semântica", à "informação-notícia", não, portanto, à "informação estética" (à que é "inseparável de sua realização"), embora a "dimensão estatístico-linguística" por ele revelada possa fornecer uma indicação estética, justamente pelo fato de "dizer respeito ao processo de realização do texto".

Daí partiremos para uma primeira conclusão: esteticamente os conceitos de "temperatura informacional do texto alta e baixa" não estão necessariamente vinculados a uma ideia de valor, de *bom* ou *mau* emprego de palavras num texto, notas com que aparecem na formulação linguística de Mandelbrot, tanto como a ideia de uma "riqueza vocabular" (a qual, aliás, não é estranha às investigações de Mandelbrot, que define, precisamente, a "descrição macroscópica da estatística de um texto" como "uma medida da riqueza potencial do vocabulário") e seu antônimo estilístico, a da "simplicidade vocabular", não são, por si sós, índices seguros do êxito estético de um texto[1]*.

O próprio Mandelbrot faz, de certo modo, sentir isso e permite-nos insinuar aqui um corolário estético fundamental, quando censura Zipf por ter considerado o exemplo joyciano como "o melhor paradigma à sua disposição, em razão do caráter longo e variado de suas obras", e por ter admitido a temperatura informacional dos textos de Joyce como sendo a "melhor estimativa" do "número máximo potencial de palavras diferentes" para todo autor, "quando, na realidade, esse valor é devido à variedade potencial excepcionalmente grande do texto de Joyce".

No que interessa à "informação estética", realmente, teremos sempre que o conceito de "temperatura informacional" é um dado da realização, um fator integrante do processo artístico que leva àquela, e seu caráter elevado ou reduzido, desligado duma normatividade apriorística de mérito e demérito, só pode ser encarado corretamente quando posto em função do processo específico da realização para a qual contribui. Assim, serão razões de ordem estética e não exclusivamente linguístico-estatísticas que envolverão a necessidade de um teor mais alto ou mais baixo, máximo ou mínimo, na temperatura informacional de um dado texto artístico, como poema por exemplo ou uma peça de prosa: há, distinto do linguístico, um conceito próprio, pensamos, de "temperatura informacional do texto estético", decididamente ligado à evolução de formas no plano criativo.

E assim estamos prestes a passar ao segundo tempo deste nosso estudo. Como elemento de ligação entre ambas as ordens de ideias, servir-nos-emos de algumas observações de G. A. Miller (*Langage et Communication*, Paris, 1956, tradução do original inglês de 1951), outro linguista, mas que, de passagem, aborda problemas reversivelmen-

---

* Os números entre colchetes remetem ao item "Temas Paralelos", pp. 195 e ss.

te estéticos. Miller focaliza o *Basic English*, cotejando-o com a linguagem de Joyce. O *Inglês Básico* de Ogden, segundo Miller, "tira partido dos aspectos estatísticos da linguagem", reduzindo o idioma inglês a "850 unidades lexicológicas" cujas "diferentes posições substituem um vocabulário mais extenso"; com esta redução, "acresce-se enormemente o número de interlocutores", possibilitando uma "comunicação rápida e facilmente assimilável". Ou, como define o próprio Ogden, em passagem reproduzida por Miller: "Eis aí o meio de significar o máximo de coisas com o mínimo de palavras [...]. O que se procura de fato é um *vocabulário mínimo cientificamente escolhido* e é esta seleção que o *Basic English* pretende dar". Em contrapartida, salienta Miller, "existe um movimento artístico e científico, no sentido oposto à tendência restritiva do *Basic English*. James Joyce ilustra esta necessidade de *diversificação* verbal em literatura". Estes dois aspectos são, afinal, sintetizados por Miller com as seguintes proposições: "O aumento de vocabulário acarreta uma redução do auditório. A redução do vocabulário acarreta um aumento do auditório". Evidentemente, considerado em relação ao potencial vocabular do idioma inglês, o *Basic English* oferecerá, comparativamente aos textos joycianos, uma "temperatura informacional" baixa, no sentido de Mandelbrot[2].

Passando à "informação estética" e ao "processo artístico" que a enseja, pode-se dizer que a noção de uma "alta temperatura informacional do texto" está ligada a uma manipulação *artesanal* da poesia e da prosa, de esgotamento, pelo artista criador, das possibilidades de diversificação e nuanceamento do arsenal linguístico de que dispõe, reduzindo ao mínimo a redundância e elevando ao máximo o número de opções sintático-semânticas. Joyce, na literatura de língua inglesa, e Guimarães Rosa, entre nós, exemplificam esse processo artístico que parece, em si mesmo, em cada obra – ou, mais exatamente, na obra única, *em progresso* –, tender para o fechamento de todo um ciclo artesanal da invenção verbal e, ao mesmo tempo, pô-lo em crise. A minúcia do trato vocabular, o perfeccionismo e o requinte da tessitura linguística em Joyce, muito mais ainda do que em Rosa, levado ao paroxismo, dão um caráter *único*, de oficina personalíssima, aos artefatos linguísticos de ambos os autores. E isto apenas como constatação de uma situação estilística, sem de modo algum querer iludir a excepcional importância de ambos para o redimensionamento das respectivas literaturas e, inclusive, para o balizamento de toda uma etapa da elaboração artística cujo epítome-epitáfio pode bem ser aquela conhecida frase de Harry Levin (*James Joyce*, New York, 1941) sobre o "romance para acabar com todos os romances", que define criticamente a posição da obra de Joyce e pode também caracterizar a posição correlata, se bem que menos extrema, que vem assumindo a de Guimarães Rosa na literatura brasileira.

Já a *poesia concreta* se enquadra em outra dimensão histórico-cultural. Responde, seguindo as linhas de clivagem de uma evolução de formas já mais de uma vez traçada, que pôs a nu a "crise do verso" – desde o poema-constelação de Mallarmé até a poesia-minuto de um Cummings e a vertente "objetivista" de um William Carlos Williams (entre nós, de Oswald a João Cabral) – a uma noção de literatura não de cunho *artesanal*, mas, por assim dizer, *industrial*, de produto tipo e não típico, de linguagem minimizada e simplificada, crescentemente objetivada, e, por isso mesmo, em princípio fácil e imediatamente comunicável (desde que corretamente condicionadas as reações semânticas do auditório: à estrutura e não a "enxames de sentimentos inarticulados"). Seu programa de "mínimo múltiplo comum" da linguagem, de, parafraseando Ogden, *vocabulário mínimo artisticamente escolhido*[3], coincide com o sentido da civilização progressivamente técnica em que se postula (sentido este já posto em relevo por Max Bense no ensaio de início citado e em várias outras passagens de seus escritos estéticos). É assim que rejeita os luxos e cerimônias do artesanato – por maior seriedade com que encare a sua contribuição para o inventário estante das formas artísticas – desde o *verso*, "com suas andanças, seu corte, sua natureza invencivelmente cultivada, erudita, conceitual", como o exprimiu admiravelmente Mário Pedrosa ("Poeta & Pintor Concretista", *Jornal do Brasil*, 16.2.1957), até à diversificação a *n* possibilidades, laboriosa e elaborada, do vocabulário. Recorre, por sua vez, a fatores de proximidade e semelhança no plano gráfico-gestáltico, a elementos de recorrência e redundância no plano semântico e rítmico, a uma sintaxe visual-ideogrâmica, quando não meramente "combinatória", para controlar o fluxo de signos, racionalizar os dados sensíveis da composição e, assim, limitar a *entropia* (a tendência à dispersão, à não-ordem, ao máximo informacional potencial de um sistema), fixando a temperatura informacional no mínimo necessário para o êxito da realização estética em cada poema que se considere[4].

Uma contracorrente desta problemática é o fato de que, no detalhe, na topicidade, tanto Joyce como Guimarães Rosa, cujos macrocosmos artesanais, trabalhados extensivamente, envolvem microcosmos, microestruturas intensivamente pesquisadas e reduzidas a cernes ou a cadeias de cernes, estão muito mais próximos da poesia concreta do que toda uma literatura de alienação onírico-hedonista, cuja matriz principal é o surrealismo, e onde não se pode perceber nenhuma organização, nenhum sistema semântico, à maneira daqueles "complexos de sentido" interencadeados, que Adelheid Obradovic timbra em reconhecer na arte de Joyce, por exemplo, ao cotejá-la com os vanguardismos destrutivos do início do século XX ("Durchdringung als Grundgedanke der J. schen Kunst", em *Die Behandlung der Räumlichkeit im späteren Werk des James Joyce*, Marburgo, 1934).

Não é à toa que a palavra-montagem de Joyce (*silvamoonlake*, ou, desdobradamente: *silva/silver* + *moon* + *lake/like*) pode ser considerada como uma unidade concreta de composição, sendo a todo momento possível individuar séries de concreções perfeitamente definidas na cosmologia verbal joyciana:

"With Kiss Kiss Criss. Cross Criss. Kiss Cross. Undo lives' end" (*Finnegans Wake*, p. 11), o mesmo podendo-se dizer de Guimarães Rosa, como o demonstrou o crítico Pedro Xisto ao isolar tomadas concretas no curso das análises estruturais penetrantemente reveladoras que fez dos textos do autor de *Grande Sertão: Veredas* (na seção especializada em crítica de poesia que manteve, em 1957, na *Folha da Manhã*, edição dominical):

> Os urubus – os, os, os.
> "Cara-de-bronze", em *Corpo de Baile*, p. 604.

Isto posto, aquele aparente "empobrecimento da linguagem" – na verdade redução e simplificação vocabular, dentro de uma sintaxe não do tipo lógico-discursivo, mas do tipo analógico-visual –, que se pretendeu enxergar na *poesia concreta*, passa a ser colocado nos seus devidos termos, esvaziado da ingênua noção pejorativa que se lhe pode conferir no calor da polêmica ou na ligeireza de uma reflexão menos rigorosa, para assumir, analítico-esteticamente, o caráter de um verdadeiro "princípio de estilo", verificável como processo e estimável – no poema concreto plenamente realizado – como fator integrativo do êxito dessa realização; e, ademais, fica situado num contexto histórico-cultural, que, não obstante os traços rápidos com que foi esboçado, já podemos deixar aqui como tema para a meditação do artista criativo – principalmente para a jovem geração de escritores, ainda não contaminada pela consuetude das rotinas petrificantes –, cujo engajamento com o passado da experiência artística se dá na medida exata em que ele descerra o campo vetorial de uma nova sensibilidade, contemporaneamente válida e atuante.

temas paralelos

[1.] A opulência vocabular de um Coelho Neto – cujo patrimônio verbal está orçado em cerca de vinte mil palavras – nem por isto coincide com a ideia de realização estética bem-sucedida. Ainda que se queira ver no escritor maranhense um precursor da pesquisa formal do texto, a verdade é que sua noção de diversificação vocabular era quase sempre quantitativa e não qualitativa (revalorizativa), donde o uso puro e simples de raridades léxicas, de arcaísmos, de lusismos, de orientalismos, de latinismos etc., num sentido ornamental, de tapeçaria decorativa e cumulativa, muito próximo do pior Flaubert – não o do *mot juste*, isolado por Pound como instigador, inclusive, de toda a grande linha "coloquial-irônica" do simbolismo francês (Laforgue) – mas o exotista de *Salambô*. Daí a sua justa profligação por parte dos modernistas de 22, e, sintomaticamente, no prefácio básico ao *Serafim Ponte Grande*, de Oswald de Andrade, livro que representa precisamente, em nossa língua, um dos marcos da invenção verbal, da manipulação qualitativa do léxico e da sintaxe. De outro lado, à *magrezza* verbal de um Machado de Assis, cuja "temperatura informacional" (sob o ângulo linguístico de Mandelbrot) seria, comparativamente, bastante reduzida – e lembremos o exemplo extremo daqueles capítulos de *Memórias Póstumas de Brás Cubas* (LV e CXXXIX) em que meros sinais de pontuação, na melhor veia sterniana, se substituem às palavras na comunicação de uma situação psicológica que, esteticamente, fica perfeitamente realizada –, se devem os mais altos exemplos de estruturação de textos, em nossa prosa anterior ao modernismo.

[2.] Shannon, o autor de *The Mathematical Theory of Communication* (Illinois, Urbana, 1949), observa – e é interessante trazer este trecho a cotejo – que

> [...] dois extremos da redundância na prosa inglesa são representados pelo *Basic English* e pelo *Finnegans Wake* de James Joyce. O vocabulário do *Basic English* é limitado a 850 palavras e a redundância é muito alta. [...] Joyce, por outro lado, amplia o vocabulário e se considera que consegue obter uma compressão do conteúdo semântico.

Nele, portanto, a redundância seria mínima. Uma curiosa amostra dessas duas tendências da língua inglesa pode ser aferida através do paralelo entre um fragmento original de "Anna Livia Plurabelle" e sua versão, em *Inglês Básico*, feita por Ogden (*apud* Harry Levin, *James Joyce*, pp. 196-197); apenas não se deve perder de vista, sob pena de desfiguração dos termos desta comparação entre "o mais simples e o mais complexo inglês, a linguagem de estrita denotação de Ogden e a linguagem de extrema conotação de Joyce", que, enquanto o texto joyciano visa à "informação estética" e pois à "realização estética", o *Inglês Básico*, tal como o concebeu Ogden, é um instrumento destinado à informação e à comunicação idiomáticas.

[3.] As possibilidades estéticas de um método de essencialização vocabular, tal como o elaborado por Ogden para fins idiomáticos, são insinuadas por Ezra Pound, preocupado sempre com o lema-programa *dichten = condensare*, no prefácio ao ensaio de Fenollosa, "The Chinese Written Character as a Medium for Poetry" (o prefácio data de 1935 e foi republicado com a reedição do texto de Fenollosa, em 1951, "Square Dollar Series", Washington, D. C.): Pound procura oferecer uma contribuição crítica e construtiva ao *Inglês Básico*, via ideograma. O princípio da *verbificação*, próprio da escrita chinesa, é posto em relevo:

> Muitos dos substantivos na lista de Ogden composta de 850 palavras poderiam muito bem servir como verbos, o que emprestaria uma força consideravelmente maior a esse breve vocabulário. [...] Sugiro ademais que a gama limitada de ações incluída por Ogden nesse vocabulário essencial poderia ser considerada quase como uma derivação de um conjunto de grandes possibilidades radicais ainda mais breve.

Evidentemente, uma "poesia básica" tem o seu léxico potencial não em função de uma redução da linguagem para efeito de facilitação da comunicação semântica, mas sim em função da comunicação de um produto poemático de cuja realização essa contenção básica é um princípio estrutural; seu léxico será, pois, potencialmente maior, uma vez que não o limita um critério de utilidade exclusivamente idiomática, mas um princípio de funcionalidade estética, variável de poema a poema, segundo o problema proposto. Ezra Pound, se bem que sua poesia, à parte o método ideogrâmico de composição, se enquadre no ciclo de elaboração artesanal, e, pois, ofereça uma alta "temperatura informacional", ou, mais exatamente, se nos fosse lícito assim formular, "referencial" (sua riqueza é menos de diversificação vocabular do que de complexos referenciais – a fatos, feitos, personagens, contextos culturais, implicando, correspondentemente, uma contínua incorporação e variação estilística, do *modus* dantesco ao coloquial americano, do *cantabile* provençal ao inglês arcaico de *The Seafarer* etc.), chega mesmo a falar num *Basic Canto*:

> I propose starting a nice lively heresy, to effek, that gimme 50 more words and I can make Basic into a real licherary and mule-drivin' language, capable of blown Freud to hell and gettin' a team from Soap Gulch over the Hogback. You watch ole EZ do a basic Canto (carta de 28.1.1935 a Ogden).

Este "cantar básico" está implícito na própria macroestrutura ideogrâmica dos *Cantos*, que critica a linguagem discursiva à qual ainda não deixa Pound de se vincular; à medida porém que a obra progride, com essa mutabilidade estilística que aspira à monumentalidade artesanal, ocorre, paralelamente, a fragmentação do discurso, o processo de montagem ideogrâmica invade a microestrutura da composição e – a partir dos "Cantos Pisanos" – pode-se dizer que a tensão para o *Basic Canto* a todo momento reponta no detalhe:

                    2 on 2
    what's the name of that bastard? D'Arezzo, Gui d'Arezzo
    notation
                3 on 3
                    chiacchierona   the yellow bird
        to rest
                            3 months in bottle
                                            (auctor)
        by the two breasts of Tellus
ou:
                Hot   hole   hep   cat
ou:

    8th day of September
        f   f
            d
                g
                    write the birds in their treble scale
                Terreus! Terreus.

Ou ainda (de *Rock - Drill*):

    They who are skilled in fire
        shall read   tan the dawn.

e:

    And from far
                il tremolar della marina
    chh   chh
        the pebbles turn with the wave
    chh   ch'u.

Os Cantares, como observou recentemente um jovem poeta americano (aliás à guisa de censura…), "vão-se transformando assim num progressivo palimpsesto de ideogramas".

[4.] É preciso esclarecer – e disto Max Bense dá apenas um registro – que, para a elaboração de seu teorema da "temperatura informacional do texto", Mandelbrot serviu-se dos conceitos de *informação* e *entropia* tais como formulados por Shannon & Weaver ("Esclareçamos então que, quando falarmos de *informação*, será sempre na acepção de Shannon, que é precisa, embora muito limitada"). Na teoria da informação shannoniana, que é uma "teoria normativa, que prescreve como codificar uma mensagem, dados certos objetivos e embaraços típicos da situação telegráfica", informação é "uma medida da liberdade de escolha que se tem quando se seleciona uma mensagem"; nessa teoria, sempre relacionada a uma *fonte de informação*, *entropia* é uma "medida da informação": "a quantidade que, de maneira exclusiva, satisfaz as condições naturais que se estabelecem para a *informação* revela-se como sendo exatamente aquela que, em termodinâmica, se denomina *entropia*", ou seja, a expressão *entropia* tem relação com "o montante da liberdade de escolha que temos ao construir mensagens", assim como, nas ciências físicas, "a entropia associada com uma situação é uma medida do grau de acaso, ou de *baralhamento*, por assim dizer, na situação" (a *entropia* sempre aumenta, os sistemas físicos tendem a ficar cada vez mais desorganizados). Assim, acrescenta Weaver,

> [...] pode-se dizer em relação a uma fonte de comunicação, tal como se diria de um conjunto termodinâmico: – esta situação é altamente organizada, ela não é caracterizada por um alto grau de casualidade ou de escolha – ou seja, a *informação* (ou a *entropia*) é baixa.

Nesse sentido, de *maximum de l'information*, associado com uma *fonte de informação*, é que Mandelbrot usa o termo *entropia*. Logo, podemos concluir que uma "alta temperatura informacional" significa um alto grau de acaso e, pois, de *entropia*. Por outro lado, na cibernética de Wiener (*La Cibernetica*, trad. italiana de 1953), encarado o problema do ponto de vista da organização de um sistema, assim como "o conteúdo informativo de um sistema é uma medida de seu grau de organização, também a *entropia* mede-lhe o grau de desorganização, sendo um simplesmente o oposto da outra"; para Wiener, o *conteúdo informativo* é "essencialmente uma *entropia negativa*", e, dentro de sua terminologia, "os processos nos quais se dá perda de *informação* são estreitamente análogos, como é de se esperar, àqueles em que se dá aumento de *entropia*". Na sua "Estética Informativa" (*Aesthetica* II, 1956, Agis-Verlag), Bense usa *informação* e *entropia* de certa maneira na acepção de Wiener, pois enquanto a primeira é definida como uma medida para o "grau de ordem", caracterizando os "cosmo-processos estéticos", onde há uma "distribuição selecionada, excepcional de elementos", a segunda mensura o "grau de desordem", e é dada como característica dos "cosmo-processos físicos". Em relação, portanto, a essa aplicação estética, de raiz na nomenclatura cibernética, parece-nos lícito dizer que a limitação do "máximo informacional" na realização do texto (*poema concreto*), se baixa a "temperatura informacional" no sentido shannoniano (liberdade de escolha, acaso, em relação ao potencial vocabular da linguagem), também diminui a *entropia*, e, consequentemente, no sentido de Wiener, faz aumentar a *organização*, a *entropia negativa*, o *conteúdo informativo* do sistema. É verdade que Max Bense, em outros trabalhos, apela para a intervenção do conceito shannoniano de *informação*, que, como se viu, é formulado de um ponto de vista diferente do cibernético; assim, por exemplo, quando se detém sobre o princípio da *repetição* na obra de Gertrude Stein "Das Existenzproblem der Kunst", *Augenblick* 1/58), para situá-lo, através da figura *redundância*, como a "diminuição do total da informação estética no processo de sua realização", mediante a qual "a originalidade primitiva também míngua", fazendo com que essa informação estética "possa ser desenvolvida em princípio de estilo". Serve de amostra o seguinte texto da escritora americana:

> Money is what words are.
> Words are what money is.
> Is money what words are.
> Are words what money is.

No caso, é evidente que, quando se fala em "diminuição da informação estética", melhor se diria redução da "temperatura informacional", no seu sentido mais propriamente semântico ou linguístico, à Mandelbrot via Shannon, ligado à ideia de "riqueza vocabular". Pois como o mesmo Bense em outra obra (*Aesthetica II – Ästhetik und Zivilisation*, Agis-Verlag, 1958) acaba por expressar: "Não nos podemos abster de observar que a pintura concreta oferece, na realidade, pouca informação semântica, mas, não obstante, valores relativamente altos de informação estética". Este trecho parece apoiar a nossa proposição de que há um conceito de "temperatura informacional estética" (alta ou baixa) diferente do de "temperatura informacional linguística ou semântica" (alta ou baixa). Isto se aplica à maravilha ao *exhibit* de Gertrude Stein, um dos mais felizes de quantos conhecemos da autora americana, muito próximo, em sua articulação estrutural, da "técnica combinatória" das "constelações" de Eugen Gomringer:

> worte sind schatten
> schatten werden worte
>
> worte sind spiele
> spiele werden worte
>
> sind schatten worte
> werden worte spiele

sind spiele worte
werden worte schatten

sind worte schatten
werden spiele worte

sind worte spiele
werden schatten worte

(palavras são sombras
sombras tornam-se palavras

palavras são jogos
jogos tornam-se palavras

sombras são palavras
palavras tornam-se jogos

jogos são palavras
palavras tornam-se sombras

palavras são sombras
jogos tornam-se palavras

palavras são jogos
sombras tornam-se palavras)

E aplica-se, por extensão, a toda a *poesia* concreta. Na *informação estética*, entendida, com a maior propriedade, no âmbito da arte concreta (onde ocorre a "redução da obra ao essencial estético, à temática dos signos") como uma "informação sobre a estrutura", sendo o "conteúdo informativo" a própria estrutura, será, correspondentemente, tanto mais rico aquele quanto mais rica, no sentido da inovação, da invenção, for esta última. A opção da estrutura, a escolha entre *n* estruturas, daquela que realiza o particular problema do poema dentro do projeto geral da poesia concreta, organizando e definindo assim, num sentido de seleção irreversível, os dados da sensibilidade, essa "torsion du concerté sur l'instant", como sintetizou magnificamente Michel Fano (um dos porta-vozes da vanguarda musical francesa), será, pois, na obra concreta, o momento mallarmaico da criação, que tem como polos dialéticos a racionalidade e o acaso, a inteligência e a intuição, o rigor e a liberdade; que implica não propriamente uma "abolição", mas um *controle*, uma integração do acaso no processo de compor. "O mais lúcido trabalho intelectual para a intuição mais clara" (Décio Pignatari, "Nova Poesia: Concreta"). Aí se põe o problema da *originalidade*. Esta não será mais descritível em termos de uma temática de conteúdos, mas sim de uma *temática de estruturas* (coisa diversa, mas que convém repisar, sob pena de mal-entendidos desfigurantes, é o fato de que, na *poesia concreta*, de modo algum se renuncia ao conteúdo das palavras, às cargas *semânticas* dos vocábulos selecionados, que são material de trabalho tão importante como o *som* ou a *forma gráfica*, convergindo, simultaneamente com aqueles, para a articulação da estrutura desejada). Não será mais o caso de se falar, então, numa "riqueza vocabular", mas numa *riqueza de estrutura* que coincidirá, na *poesia concreta*, sem contradição, programaticamente, com a mais rigorosa simplificação e transparência léxica. Nesse sentido nos parece significativa uma derradeira observação de Max Bense (*Aesthetica III*, "Konkrete Malerei"), que gostaríamos de trazer à tela, transpondo-a, *mutatis mutandis*, para a situação da *poesia concreta*:

> Quando se trata de apresentar instrumentos da percepção, objetos eternos dessa percepção [Bense alude aqui aos *eternal objects*, de Whitehead, "cores ou relações de cor e forma"], como as próprias cores, entram, consequentemente, a medida da informação e a medida da redundância numa conjunção singular: ambas servem à percepção, à presentificação; na pintura concreta *informação* e *redundância* manifestam-se na realidade como documentações mutuamente integrativas, complementares, de um único fato estético.

acaso, arbitrário, tiros*

DÉCIO PIGNATARI

Um organismo criativo, móvel e inteligente – como um poema ou uma partida de xadrez – não é apenas feito de arranques originais. É fundamental a análise e o aprofundamento cognoscitivo daqueles mecanismos primários, rotineiros, que asseguram as condições básicas das probabilidades de sua existência – ou seja, os seus princípios.

Rigorosamente falando, somente uma arte condicionada por (novos) princípios abre (novas) possibilidades e probabilidades, que configuram o campo do Acaso, onde tem lugar e tempo a criação, mediante permuta dialética entre o racional e o intuitivo. Esta arte é objetiva e permite – se não obriga – projetos gerais de estruturas anteriores a qualquer seleção de palavras-material (no caso da literatura), pouco importando, de resto, que esse projeto tenha sido suscitado por um certo fato de palavras relacionadas, pois nele impera um princípio de ordem ou ordenação, ainda que provável ou probabilístico. (Nem é por outra razão que a melhor e mais rica música contemporânea se estrutura dentro do princípio serial e das colocações probabilísticas e estocásticas.) E pouco importando também as noções ingênuas ou acadêmicas que alguém possa ter das matemáti-

---

* Publicado originalmente na página "Invenção", *Correio Paulistano*, 17.7.1960.

cas, opondo-as à arte a ponto de conferir à intuição aquele valor tradicional de absoluto, que trai uma formação idealista prisioneira do campo aparentemente infinito do Arbitrário. Quem não quer saber de princípios, por acreditar panicamente que eles limitam ou restringem (não se sabe o quê... a inspiração, talvez), vê-se compelido a *justificar post factum* a obra, mediante duvidosas articulações de subalavancas subjetivas. E o certo sempre esteve do lado dos que possuíram razões em lugar de meras justificativas.

A intuição também é um mecanismo apreensor biológico, fisiológico, psíquico – cultural. Está na raiz dos *feedbacks* elementares e nas opções de alto grau, estimulando ações experimentais, individuais ou coletivas. Não há por que imaginá-la tal mão genial metida na cumbuca escura da ignorância desesperada.

O campo da arte é o do *controle sensível*, direto. Imagine-se um reservatório de água, uma coluna, transparente: o controle a olho do nível de água tem algo de uma apreciação qualitativa em sua "diretidade", tão precisa e justa quanto a apreciação quantitativa de um instrumento aferidor, em sua "indiretidade" (*controle insensível*) – se é que se pode falar de precisão da percepção, a qual, elaborando o que percebe, contenta-se com o que se poderia chamar de *inexatidão suficiente* – um "mais-ou-menos" topológico, vital e vivencial, e portanto casual (Acaso) e portanto possibilístico (aberto a novas possibilidades).

Tiro-ao-alvo. A mosca não é um "absoluto", mas um ponto-evento de referência do *objetivo*. Os impactos armam a constelação estocástica do *controle sensível*, exercido na mira. Concreção de uma série-tentativa de tiros.

O *controle sensível* corresponde à intuição geométrica, da Topologia. Num certo sentido, liga-se ao bom-senso, como é bom-senso saber que a ideia de controle implica um aparelhamento crítico-criativo adequado, que cria novas necessidades, isto é, abre novos campos de possibilidades.

Boulez observou-me certa vez, 1955, que os artistas aprendem muito mais ao contato de obras de outros artistas do que assimilando suas (ou alheias) teorias e ideologias. Donde sua afirmação de que toda obra de arte, em última instância, é "irracional". Esta posição de um músico formado em matemáticas, conhecido pelo furioso controle crítico que exerce sobre a obra própria e alheia, deve ser continuamente meditada por todos aqueles que não se disponham, por pura incapacidade, a engrossar detestavelmente os problemas.

Uma coisa é o tiro ao alvo, outra o "tiro nas lebres de vidro do invisível". O primeiro arma-se de um propósito, de um *objetivo*: campo de Acaso controlável por incorporação. O segundo é um teleguiado à procura de moscas, ricocheteando pelo campo infinitamente reduzido do Arbitrário. O Arbitrário não possibilita a evolução de formas.

A intuição é função de um contexto, e este da informação adequada. O sonetista "intui" sonetos.

contexto de uma vanguarda*

HAROLDO DE CAMPOS

"Viver efetivamente é viver com a informação adequada" – eis um postulado básico de Norbert Wiener, o criador da cibernética e um dos fundadores da moderna teoria da informação. Assim, poderemos dizer que só é contemporâneo o homem que se situa no âmbito de um sistema informativo proporcionado ao tempo em que vive.

Falar em movimento artístico no Ceará, para aqueles que cultivam a nostalgia de um regionalismo romântico, que pouco ultrapassaria os quadros do "indianismo" do século XIX, seria evocar imediatamente a ideia de uma arte do pitoresco, do exótico, do típico.

No entanto, em nosso país, que acaba de dar ao mundo o exemplo altamente significativo da construção, em pleno oeste, de uma nova capital que é, ao mesmo tempo, um marco da arquitetura e do urbanismo de vanguarda, mais talvez do que em nenhum outro se apresentam as condições para a produção e o consumo de uma arte verdadeiramente contemporânea, porque, enquanto informação estética, comensurada ao homem de hoje.

* Escrito em julho de 1960, como introdução a uma antologia de poemas do grupo concreto de Fortaleza, Ceará; publicado posteriormente no *Jornal de Letras*, Rio de Janeiro, fevereiro/março de 1963. Algumas ideias deste trabalho foram desenvolvidas pelo autor em "A Poesia Concreta e a Realidade Nacional", *Tendência*, n. 4, Belo Horizonte, 1962.

Já Marx e Engels (*Sur la Littérature et l'Art*, p. 220), escrevendo nos fins do século XIX, colocaram em termos extremamente clarividentes o problema de uma *literatura universal*:

> Em lugar do antigo isolamento das províncias e das nações bastando-se a si próprias, desenvolvem-se relações universais, uma interdependência universal de nações. O que é verdadeiro quanto à produção material, o é também no tocante às produções do espírito. As obras intelectuais de uma nação tornam-se propriedade comum de todas. A estreiteza e o exclusivismo nacionais tornam-se dia a dia mais impossíveis; e da multiplicidade das literaturas nacionais e locais nasce uma literatura universal.

Não há panorama mais fiel do mundo contemporâneo, cujas distâncias diminuíram, cujos problemas se interligam, cujo patrimônio mental é cada vez mais posto em termos universais, como se verifica cotidianamente no campo da ciência. Surgem nele as condições para uma linguagem comum.

Por que a arte deveria estar fora desse quadro? É por acaso um produto de exceção? Um produto de luxo, a ser cultivado numa estufa artesanal, salvaguardado dos contatos com o mundo exterior como uma flor exótica? Os grandes poetas da língua, na fase áurea do mundo luso, como Sá de Miranda e Camões, não foram porventura homens contemporâneos em seu tempo, vivendo com a informação adequada, importando provençais, italianos e espanhóis, e exportando poesia em língua portuguesa criativa e qualitativamente enquadrada no contexto da época?

A poesia concreta fala a linguagem do homem de hoje. Livra-se do marginalismo artesanal, da elaborada linguagem discursiva e da alienação metafórica que transformaram a leitura de poesia em nosso tempo – caracterizado pelo horizonte da técnica e pela ênfase na comunicação não-verbal – num anacronismo de salão, donde o abismo entre poeta e público, tantas vezes deplorado em termos sentimentais e pouco objetivos. Maiakóvski, num documento fundamental, da fase heroica do futurismo russo (1928), só republicado em 1957, já assinalara: "é preciso saber organizar a compreensão de um livro"; e: "a boa acolhida da massa é o resultado de nossa luta e não o efeito de alguma camisa mágica na qual nascessem os livros felizes de certos gênios literários"; pois: "quanto melhor o livro, tanto mais ele ultrapassa os acontecimentos".

A poesia concreta pretende criar novas reações semânticas para a abordagem do produto estético, e se isto não se faz de um dia para outro, face ao lastro negativo das convenções e dos interesses contrariados, não há dúvida de que o produto concreto – mesmo para aqueles que não o aceitam como poesia – já se comunica na própria medida em que se dá esse repúdio e nas próprias associações que provoca com o mundo de realidades cotidianas – cinema, televisão, técnicas da imprensa, propaganda etc. – que nos cerca. Não importa de fato chamar o poema de poema: importa consumi--lo, de uma ou de outra forma, como coisa. A informação estética prescinde de etiquetas nominativas.

Pela primeira vez – e diz-se isto como verificação objetiva, sem implicação de qualquer juízo de valor – a poesia brasileira é totalmente contemporânea, ao participar na própria formulação de um movimento poético de vanguarda em termos nacionais e internacionais, e não simplesmente em sentir-lhe as consequências com uma ou muitas décadas de atraso, como é o caso até mesmo do movimento de 22. A poesia concreta – como evolução de formas – nasceu no Brasil e na Europa, através da pesquisa apartada de autores (Grupo "Noigandres", de São Paulo, de um lado; Eugen Gomringer, Berna/Ulm, de outro) que tendiam para conclusões comuns e realizações até certo ponto semelhantes. E o importante é que, no Brasil, nasceu da meditação de conquistas formais perfeitamente caracterizadas no âmbito de nossa história poética, como sejam os poemas-minuto de Oswald de Andrade e o construtivismo poemático de um João Cabral de Melo Neto, que contribuíram tanto para a demarcação de um elenco básico de autores imprescindíveis para a edificação de uma nova tradição poética, em língua portuguesa, quanto, para Eugen Gomringer, em língua alemã, um Arno Holz – para não falar na comum cogitação do *paideuma* Mallarmé (*Un Coup de Dés*), Apollinaire, Joyce, Cummings, Pound-e/ou-William Carlos Williams.

Entrou assim nossa poesia numa fase de exportação, o que, transpondo para a estética os postulados referenciais da "redução sociológica" de Guerreiro Ramos, é sinal da formação de uma "consciência crítica", que já não mais se satisfaz com a "importação de objetos culturais acabados", mas cuida de "produzir outros objetos nas formas e com as funções adequadas às novas exigências". Se Guerreiro Ramos pôde até mesmo dar um exemplo de "redução tecnológica" na indústria automobilística (caminhões) brasileira, "em que se registra a compreensão e o domínio do processo de elaboração de um objeto, que permitem uma utilização ativa e criadora da experiência técnica estrangeira", nós, que não vemos o poema em sua materialidade com nenhum tipo de liturgia extra-humana, poderemos dizer – por mais que o paralelismo caminhões-poemas melindre a sensibilidade dos licornes de um romantismo poético de tipo idealista (tantas vezes ocultos sob a capa do realismo mais terra-a-terra) – que a poesia concreta oferece o exemplo de uma "redução estética", em que o pensamento poético de determinados autores estrangeiros (Mallarmé, Apollinaire, Joyce, Cummings, Pound), nunca antes relacionados num mesmo contexto e para propósitos definidos, foi posto criticamente em função das necessidades criativas de uma poesia brasileira, já pressentidas por alguns de seus mais inventivos precursores (Oswald, Cabral), apresentando características próprias e inconfundíveis de formulação no grupo brasileiro, ainda face à evolução paralela e até certo ponto comum de um Eugen Gomringer, e adquirindo assim aquela criadora validade não só em âmbito nacional, mas como produto brasileiro de exportação no campo das ideias. As recentes exposições de poesia concreta brasileira em Stuttgart, Alemanha (Technische Hochschule, organização do Prof. Max Bense, Catedrático de Filosofia e Teoria do Conhecimento) e Tóquio, Japão (Museu Nacional de Arte Moderna, organização de Luís Carlos Vinholes, João Rodolfo Stroetter e do poeta japonês de vanguarda Kitasono Katsue, diretor da revista *vou*) são provas dessa afirmativa.

Nem por ser universal, deixa a poesia concreta, como arte geral da palavra, de se ligar imediatamente à linguagem popular, à gíria, à dicção infantil, às adivinhas, a modalidades de descante folclórico etc.; seria certamente inesgotável o exemplário que, nesse sentido, se poderia coligir. Da arte atualíssima de Niemeyer, disse Lúcio Costa, o urbanista de Brasília, sem temer o aparente paradoxo, que era a que mais lhe trazia a evocação da arquitetura barroca do Aleijadinho. A tradição viva é moderna. Nessa acepção, quanto mais moderno, mais tradicional, mais parente da tradição válida, onde quer que ela se encontre.

Falar de um movimento concreto no Ceará, para aqueles que têm presente tudo o que aqui ficou dito, é rejubilar-se na verificação de que num dos (geograficamente) menores Estados brasileiros, nessa moderna capital nordestina que é Fortaleza, é possível viver com a informação adequada. Fortaleza, já em 1957, teve a sua primeira exposição de poesia concreta, no Clube do Advogado local; em fevereiro de 1959, a segunda, no IBEU. Foi a primeira capital brasileira, depois dos grandes centros São Paulo e Rio de Janeiro, a contribuir positivamente, com ideias e criações, para o movimento concreto. Suas manifestações são anteriores, por exemplo, à primeira mostra de poesia concreta austríaca, que ocorreu na Galeria Würthle de Viena, em 1959; anteriores suas publicações ao primeiro número da revista *Nota* de Munique, julho de 1959, um dos principais veículos da poesia de vanguarda na Alemanha.

Eis como se define o contexto de uma vanguarda. Os textos que se seguem – e que foram selecionados pelo próprio grupo concreto cearense – refletem na dimensão do fazer esse contexto. Não é nosso propósito julgá-los ou estabelecer em relação a eles uma hierarquia de valores, um confronto crítico-normativo. O primeiro objetivo de qualquer antologia deve ser documentar. Da concreção do contexto em textos, de suas variantes pessoais e do resultado final do produto de todos e de cada um dos poetas enquanto *realizações estéticas* dirão esses mesmos textos, ao se completar, com o consumo, o circuito *comunicação estética*. A eles agora a palavra.

plano-piloto para poesia concreta*
AUGUSTO DE CAMPOS, DÉCIO PIGNATARI E HAROLDO DE CAMPOS

poesia concreta: produto de uma evolução crítica de formas. dando por encerrado o ciclo histórico do verso (unidade rítmico-formal), a poesia concreta começa por tomar conhecimento do espaço gráfico como agente estrutural. espaço qualificado: estrutura espaçotemporal, em vez de desenvolvimento meramente temporístico-linear. daí a importância da ideia de ideograma, desde o seu sentido geral de sintaxe espacial ou visual, até o seu sentido específico (fenollosa/pound) de método de compor baseado na justaposição direta – analógica, não lógico-discursiva – de elementos. "il faut que notre intelligence s'habitue à comprendre synthético-idéographiquement au lieu de analytico-discursivement" (apollinaire). eisenstein: ideograma e montagem.

precursores: mallarmé (*un coup de dés*, 1897): o primeiro salto qualitativo: "subdivisions prismatiques de l'idée"; espaço (*blancs*) e recursos tipográficos como elementos substantivos da composição. pound (*the cantos*): método ideogrâmico. joyce (*ulysses* e

* Publicado originalmente em *noigandres 4*, São Paulo, edição dos autores, 1958.

finnegans wake): palavra-ideograma; interpenetração orgânica de tempo e espaço. cummings: atomização de palavras, tipografia fisiognômica; valorização expressionista do espaço. apollinaire (*calligrammes*): como visão, mais do que como realização. futurismo, dadaísmo: contribuições para a vida do problema. no brasil: oswald de andrade (1890-1954): "em comprimidos, minutos de poesia". joão cabral de melo neto (n. 1920 – *o engenheiro* e a *psicologia da composição* mais *antiode*): linguagem direta, economia e arquitetura funcional do verso.

poesia concreta: tensão de palavras-coisas no espaço-tempo. estrutura dinâmica: multiplicidade de movimentos concomitantes. também na música – por definição, uma arte do tempo – intervém o espaço (webern e seus seguidores: boulez e stockhausen; música concreta e eletrônica); nas artes visuais – espaciais, por definição – intervém o tempo (mondrian e a série *boogie-woogie*; max bill; albers e a ambivalência perceptiva; arte concreta, em geral).

ideograma: apelo à comunicação não-verbal. o poema concreto comunica a sua própria estrutura: estrutura-conteúdo. o poema concreto é um objeto em e por si mesmo, não um intérprete de objetos exteriores e/ou sensações mais ou menos subjetivas. seu material: a palavra (som, forma visual, carga semântica). seu problema: um problema de funções-relações desse material. fatores de proximidade e semelhança, psicologia da *gestalt*. ritmo: força relacional. o poema concreto, usando o sistema fonético (dígitos) e uma sintaxe analógica, cria uma área linguística específica – "verbivocovisual" – que participa das vantagens da comunicação não-verbal, sem abdicar das virtualidades da palavra. com o poema concreto ocorre o fenômeno da metacomunicação: coincidência e simultaneidade da comunicação verbal e não-verbal, com a nota de

que se trata de uma comunicação de formas, de uma estrutura-
-conteúdo, não da usual comunicação de mensagens.

a poesia concreta visa ao mínimo múltiplo comum da linguagem,
daí a sua tendência à substantivação e à verbificação: "a moeda
concreta da fala" (sapir). daí suas afinidades com as chamadas
"línguas isolantes" (chinês): "quanto menos gramática exterior
possui a língua chinesa, tanto mais gramática interior lhe é inerente
(humboldt via cassirer). o chinês oferece um exemplo de sintaxe
puramente relacional baseada exclusivamente na ordem das
palavras (ver fenollosa, sapir e cassirer).

ao conflito de fundo-e-forma em busca de identificação,
chamamos de isomorfismo. paralelamente ao isomorfismo
fundo-forma, se desenvolve o isomorfismo espaço-tempo, que
gera o movimento. o isomorfismo, num primeiro momento
da pragmática poética concreta, tende à fisiognomia, a um
movimento imitativo do real (*motion*); predomina a forma
orgânica e a fenomenologia da composição. num estágio mais
avançado, o isomorfismo tende a resolver-se em puro movimento
estrutural (*movement*); nesta fase, predomina a forma geométrica e
a matemática da composição (racionalismo sensível).

renunciando à disputa do "absoluto", a poesia concreta
permanece no campo magnético do relativo perene.
cronomicrometragem do acaso. controle. cibernética. o poema
como um mecanismo, regulando-se a si próprio: *feedback*.
a comunicação mais rápida (implícito um problema de
funcionalidade e de estrutura) confere ao poema um valor
positivo e guia a sua própria confecção.

poesia concreta: uma responsabilidade integral perante a linguagem. realismo total. contra uma poesia de expressão, subjetiva e hedonística. criar problemas exatos e resolvê-los em termos de linguagem sensível. uma arte geral da palavra.
o poema-produto: objeto útil.

augusto de campos
décio pignatari
haroldo de campos

post-scriptum 1961: "sem forma revolucionária não há arte revolucionária" (maiakóvski).

nova linguagem, nova poesia*
LUIS ÂNGELO PINTO E DÉCIO PIGNATARI

semiótica

Para o que pretendemos dizer, torna-se necessária, antes de mais nada, a exposição sucinta de alguns conceitos fundamentais da Semiótica, ou Teoria dos Signos, fundada pelo filósofo e matemático norte-americano Charles Sanders Peirce, e desenvolvida posteriormente por Charles W. Morris.

Chamamos de SIGNO toda coisa que substitui outra para o desencadeamento de um mesmo conjunto de reações.

O signo, em relação ao referente, ou objeto a que o signo se refere, pode ser classificado em:

INDEX, quando está diretamente ligado ao referente. Exemplo: chão molhado, indício de que choveu; pegadas, indício da passagem de um animal ou pessoa;

---

* Publicado originalmente no *Correio da Manhã*, Rio de Janeiro, 25.7.1964, com os poemas "agora! talvez nunca!" de D. Pignatari e "terra homem" de Luis Ângelo Pinto; republicado no "Suplemento Literário" de *O Estado de S. Paulo*, em 26.9.1964, com mais os poemas "pelé" de Pignatari, "labor torpor" de Ronaldo Azeredo e "sim não" de Luis Ângelo; e na revista *Invenção*, n. 4 (dezembro de 1964), com o acréscimo dos poemas "macho fêmea" e "mineral e/ou vegetal" de Luis Ângelo, a versão para o inglês e as respectivas chaves léxicas para o mesmo idioma.

ÍCONE, quando possui alguma analogia com o referente. Exemplo: uma fotografia, um diagrama, um esquema, um pictograma etc.;
SÍMBOLO, quando a relação signo-referente é arbitrária, convencional. Exemplo: a palavra "mesa" em relação ao objeto designado.

É possível ainda a existência de signos mistos, isto é, parte analógicos, parte arbitrários.

Um processo sígnico pode ser estudado em três níveis:

SINTÁTICO, quando se refere às relações dos signos entre si;
SEMÂNTICO, quando envolve as relações entre signo e referente;
PRAGMÁTICO, nível em que se envolvem as relações com o intérprete, ou seja, com aquele que usa os signos.

linguagem

Entendemos por *linguagem* qualquer conjunto de signos e o modo de usá-los, isto é, modo de relacioná-los entre si (sintaxe) e com referentes (semântica) por algum intérprete (pragmática).

Dentro dessa definição se enquadram não só todos os idiomas como também qualquer processo de sinalização de tráfego (rodoviário, marítimo, aéreo, espacial); linguagens de esquemas e diagramas (diagramas de bloco, diagrama de Venn etc.); linguagens de computadores eletrônicos; linguagem matemática e de lógica simbólica; linguagens audiovisuais, tal como o cinema etc.

Qualquer objeto deve ser projetado e construído de acordo com as necessidades ou funções às quais vai atender ou servir. Esse princípio básico da indústria moderna não se cinge só a objetos tradicionalmente considerados como tais, mas pode também se estender a outros "objetos", tais como as linguagens. É neste sentido que o poeta é um *designer*, ou seja, um projetista de linguagem.

Realmente, a tendência das linguagens em geral é de se transformarem ou se construírem no sentido de certos objetivos. Nos idiomas, as palavras utilizadas com mais frequência são as mais curtas (problemas de economia de tempo e de esforço); nas linguagens taquigráficas, cujo objetivo é a rapidez de transcrição fonética, os signos são de desenho conveniente para traçado rápido; na linguagem de trânsito, usa-se um conjunto de signos visíveis e audíveis à distância e rapidamente; na lógica simbólica, o conjunto de signos e as regras de utilização dos mesmos são estabelecidos de modo a possibilitar, entre outras coisas, maior clareza e precisão.

a caminho de novas linguagens

Baseados no conceito de linguagem exposto acima, propomos a criação de uma nova linguagem ou linguagens.

O problema de novos conteúdos está ligado diretamente ao problema de criação de novas formas linguísticas, novas linguagens. Toda linguagem, por mais ampla que seja, é limitada. Possui um conjunto de signos e de relações sintáticas limitado. Portanto, quando pensamos ou nos comunicamos por meio de uma certa linguagem não conseguimos referir-nos a coisa alguma nem estabelecer qualquer relação a não ser aquelas subordinadas à forma da linguagem em questão.

Propomos, portanto, a criação de linguagens projetadas e construídas para cada situação e de acordo com cada necessidade. Isto significa: 1. projeto e construção de novos conjuntos de signos (visuais, auditivos etc.) e 2. projeto e construção de novas regras sintáticas aplicáveis aos novos conjuntos de signos. Notar ainda que estes dois itens não são autônomos, mas, pelo contrário, estão em íntima interdependência: a sintaxe deve derivar de, ou estar relacionada com, a própria forma dos signos.

As letras, palavras etc. são signos adequados à sintaxe de uma linguagem escrita linear. Esses signos – letras, palavras etc. – podem, em muitos casos, ser usados em uma linguagem não-linear; porém, as limitações são maiores que as possibilidades.

Na escrita tradicional, a sintaxe é a mesma da linguagem oral. A poesia concreta, segundo seu Plano-Piloto, de 1958, "começa por tomar conhecimento do espaço gráfico". Propõe e consegue realmente a criação de uma nova sintaxe: novas estruturas linguísticas no plano, ou seja, libertando-se, na medida do possível, da sintaxe oral, meramente linear. Porém essa linguagem plana ainda se utiliza de signos provenientes de uma linguagem oral, cuja forma é própria para um processo de escrita linear. Portanto, isso vem limitar as possibilidades dessa linguagem. É possível, assim, justaposição, desmembramento, uso de tamanhos e formas variáveis de palavras e, por exemplo, um simultaneísmo baseado na *justaposição*, mas as possibilidades de *superposição* (poema "greve", de Augusto de Campos) ou *intraposição* (certas palavras-montagem) já são bem mais reduzidas. Em alguns casos, na poesia concreta até o presente, foi possível a criação de textos nos quais a sintaxe derivada do próprio desenho dos signos usados. É o caso das últimas fases do poema "organismo" e, especialmente, do poema "LIFE", ambos de Décio Pignatari. Esses casos só foram possíveis graças a certas virtualidades do desenho dos próprios signos.

Falando de novas linguagens, não podemos deixar de citar ainda, como precursor, o conjunto de textos "SOLIDA" (1962), de Wlademir Dias Pino.

Daí a ideia de uma linguagem na qual a forma dos signos seja projetada de modo a condicionar a sintaxe, dando margem a novas possibilidades quanto à comunicação.

Para isso é necessário que o conjunto de signos (e os próprios signos) seja dinâmico, isto é, maleável, podendo se transformar de acordo com as necessidades de cada texto.

Quanto aos textos visuais, as ligações com o ideograma chinês são evidentes: sintaxe analógica, signos gráficos que representam diretamente o objeto independentemente do estágio fonético – linguagem não-verbal. Numa nova linguagem, porém, o ideograma deve ser projetado e construído racionalmente. Isto não quer dizer, contudo, que uma nova linguagem precise ser necessariamente visual ou só visual. Pode, dependendo das situações em questão, ser auditiva, audiovisual etc.

É certo que qualquer linguagem nova, inicialmente, estará ligada, num certo grau, a uma ou mais linguagens já existentes. Com o seu desenvolvimento, porém, irá gradativamente se tornando autônoma. Essa autonomia, essa unicidade, não só de uma linguagem em relação às outras, mas de cada obra de arte, é, aliás, condição *sine qua non* para que uma obra artística possa ser considerada como tal. Em outras palavras: a obra de arte é irredutível.

Uma linguagem vale pelo que tem de intraduzível, de intransponível, de irredutível a outras linguagens. Um texto, também, tem valor por tudo aquilo que há nele de irredutível a outros textos em quaisquer linguagens. Não tem sentido tentar exprimir uma realidade de determinada natureza em termos alheios a essa realidade. Tentar, por exemplo, traduzir em linguagem linear um texto composto num plano e usando uma sintaxe plana. Por isso mesmo, na criação de uma nova linguagem, não se visa simplesmente uma outra representação de realidades ou conteúdos já preexistentes em outras linguagens, mas a criação de novas realidades, de novas formas-conteúdo.

Não temos, contudo, a pretensão de afirmar que estejam esgotados os recursos criativos em qualquer uma das linguagens já existentes. Queremos, isto sim, mostrar a possibilidade de criação de novos conjuntos de signos, novas sintaxes. Em suma: novas linguagens projetadas e construídas de acordo com cada situação. Agora, mais do que nunca, como já foi dito no "Plano-Piloto para Poesia Concreta":

Il faut que nôtre intelligence s'habitue à comprendre synthético-idéographiquement au lieu de analytico-discursivement. (APOLLINAIRE)

Para finalizar: parece-nos claro que mesmo o que há de mais radical nesta nova poesia não se desvincula – ao contrário – dos princípios básicos da poesia concreta. Continuamos, portanto, a chamar de concreta a esta poesia. E dela damos, aqui, alguns exemplos.

dois poemas de décio pignatari

chave léxica

agora!

talvez

nunca!

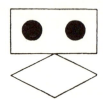

chave léxica

   pelé

   a pátria é a família
(com televisão) amplificada

   no fim dá certo

quatro poemas de luis ângelo pinto

chave léxica

 sim

 não

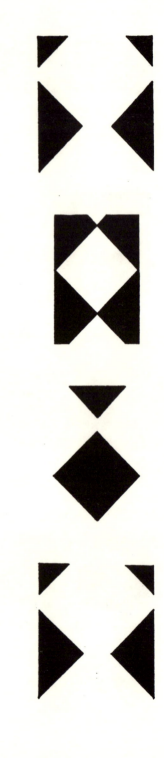

chave léxica

 macho

 fêmea

■ = terra

● = homem

chave léxica

☐

mineral e/ou vegetal

☐

vegetal e/ou animal

um poema de ronaldo azeredo

chave léxica

& se não perceberam que poesia é linguagem*
DÉCIO PIGNATARI

& se não perceberam que poesia é linguagem & se não aprenderam com Poe & Mallarmé & Valéry sobre Mallarmé que poesia é linguagem & se não perceberam com Pound sobre Camões que poesia não é bem literatura & com Maiakóvski que a poesia só admite uma forma concisão precisão das fórmulas matemáticas & se não perceberam com Sousândrade & Oswald (*João Miramar & Poesias Reunidas* finalmente de novo na praça – o que vocês estão esperando?) & com os poetas concretos que poesia é linguagem (& não língua) & se não perceberam que poesia é linguagem & não língua & que o que se costuma chamar de poesia chegou ao fim & se sequer perceberam que a palavra escrita é apenas uma codificação convencional da palavra falada & se ainda se preocupam com a correção ortográfica & não se aperceberam das novas realidades gráficas tipográficas magnetofônicas audiovisuais & se não perceberam isso muito menos vão perceber que a nova poesia nasceu há mais de dez anos sob os seus narizes & a poesia concreta nasceu sob os seus narizes por um descuido do sistema & esta revolução permanente é protótipo & não tipo & alimenta a invenção contínua da linguagem & chegou ao

* Publicado originalmente em *Invenção*, ano 6, n. 5, São Paulo, Edições Invenção, dezembro de 1966-janeiro de 1967.

fim o que se costuma chamar de poesia & chegou ao começo a poesia concreta que eles tendem a não chamar de poesia & é explicável & ainda bem & Nathalie Sarraute chegou aqui & disse uma coisa excepcional & disse que uma coisa só pode ser considerada bela dentro de padrões já existentes & o belo só existe dentro de padrões & já estas coisas vão por nossa conta & você não reconhecerá o belo no signo novo é óbvio & a busca do belo conduz ao estetismo & a busca do *eidos* belo é coisa de idiotas & alienados & o belo se existe só existe útil & momentaneamente na sociedade de consumo em massa por uma lógica estatística da preferência & se vocês quiserem as coisas muito bem explicadinhas nos seus mínimos detalhes nós não vamos fornecer & nós não temos feito outra coisa há mais de dez anos agora chega & se vocês quiserem para começar leiam a *Teoria da Poesia Concreta* provavelmente na Biblioteca Municipal de São Paulo & se vocês detestam a poesia concreta procurem o verbete *semantics* na ençaiclopídia britannica para saber por que a poesia é sempre concreta & os velhos dispõem de mil formas de corromper os moços vide Pirandello *Os Velhos e os Moços* & uma delas é a defesa do verso & os moços defenderão o verso até a morte & tudo serve para defender o verso a começar pela psicologia ah o mistério da criação & a psicologia experimental que é a única que conta já partiu para a linguagem & a poesia experimental que é a única que conta é a linguagem das linguagens ao nível sensível como a matemática o é ao nível da lógica & lançam mão de tudo para salvar o verso ritmo linear lógica aristotélico-discursiva inerente aos sistemas linguísticos não-isolantes (as coisas muito bem explicadinhas...) & lançam mão do folclore outra vez que chato & se necessário lançarão mão da palavra nacionalismo & o que estamos vendo de novo em processo é a provincianização da cultura & não é à toa que certos trechos do *Bicho* lembram o *Juca Mulato* & que na capa da *Revista Civilização Brasileira* aparece aquele pescador típico dos velhos bons tempos & a rede de nylon não apodrece não precisa secar pesa sete vezes menos & os grandes países pesqueiros com barcos-fábrica e *sonar* para localizar cardumes são os primeiros interessados em financiar o nosso folclore... & mais a praga do neocolonial nos móveis & imóveis & a praga de práxis concreto aguado & os críticos sociológicos são os novos gramáticos & João Gilberto foi mandado às favas & hoje nos deliciamos com A *Banda & Disparada* é claro que o consumo busca o seu leito natural na *média* comunicativa & Oswald mostrou que é possível radicalizar-se a média com Sócrates & Tarzan & que são revoluções senão radicalizações da média? & tudo serve para salvar o verso & é preciso pensar em termos de VER-SUS & Erik Satie realizou ao nível semântico-pragmático o que Webern realizou no sintático & da forma nasce a ideia disse Flaubert & a Teoria da Informação & Marshall McLuhan estão comprovando & é preciso distinguir entre conteúdo e significado para não parafrasear conteúdos já catalogados & sim criar SIGNIficados novos função de poeta & certa vez um bi-acadêmico poeta de "vanguarda" nos disse: o arco não pode permanecer tenso o tempo todo um dia tem de afrouxar & um dia vocês têm de afrouxar & nós: na geleia geral brasileira alguém tem de exercer as funções de medula e de osso &

apêndices*

i. bibliografia do grupo "noigandres"

ii. sinopse do movimento de poesia concreta

* A bibliografia e a sinopse se circunscrevem ao que foi publicado até 1965, data da 1ª edição.

i. bibliografia do grupo "noigandres"

Foram incluídos nesta bibliografia os principais trabalhos publicados por Augusto de Campos, Décio Pignatari e Haroldo de Campos, com exceção dos compilados no presente volume. Muitos dos trabalhos constantes desta relação não se referem imediatamente à poesia concreta, mas, por via mediata, desenham a ação cultural do movimento na crítica literária e artística, nos estudos de literatura comparada e na tradução criativa. Incluíram-se, também, alguns textos de autores estrangeiros, cuja tradução e divulgação pelo Grupo "Noigandres" teve sentido crítico e didático no contexto do movimento. Fez-se, ainda, uma resenha dos principais trabalhos de José Lino Grünewald, cuja atividade crítica, desenvolvida sobretudo no Rio de Janeiro, está intimamente ligada ao processo de elaboração teórica da poesia concreta. Completam esta bibliografia o elenco de livros publicados pelos integrantes do Grupo "Noigandres" e a indicação de algumas publicações estrangeiras referentes à poesia concreta brasileira.

1. textos

1.1. Textos publicados no "Suplemento Dominical" do *Jornal do Brasil*, Rio de Janeiro

HAROLDO DE CAMPOS	"Kurt Schwitters ou o Júbilo do Objeto" (com a tradução do poema "Anaflor", de Schwitters). 28.10.56 (I) e 4.11.56 (II).
AUGUSTO DE CAMPOS	"John Donne: 'O Êxtase'" (tradução, com nota de Mário Faustino). 28.10.56.
AUGUSTO DE CAMPOS	"Concretos e Anônimos" (polêmica). 30.12.56.
AUGUSTO DE CAMPOS	"Andrew Marvell – 'À Amada Esquiva'" (tradução, com nota de Mário Faustino). 17.2.57.
AUGUSTO DE CAMPOS	"Vicente Huidobro: Fragmento de *Altazor*" (tradução e nota). 3.3.57.
AUGUSTO DE CAMPOS	"Boulez – Bilis – Bento" (polêmica). 10.3.57.
HAROLDO DE CAMPOS	"Pound Paideuma". 17.3.57.
PIERRE BOULEZ	"Homenagem a Webern" (tradução de Augusto de Campos, acompanhando o artigo "Musicalidade e Verbalização" – sobre oralização de poemas concretos – de autoria de Diogo Pacheco). 17.3.57.
EUGEN GOMRINGER	"Do Verso à Constelação – Função e Forma de uma Nova Poesia" (tradução e nota de Haroldo de Campos). 17.3.57.
HAROLDO DE CAMPOS	"Quatro Constelações de Eugen Gomringer". 31.3.57.
AUGUSTO DE CAMPOS	"Poesia Concreta e Palavras Cruzadas" (polêmica). 14.4.57.
EUGEN GOMRINGER	"Técnica do Poema" (tradução de Décio Pignatari). 28.4.57.
AUGUSTO DE CAMPOS	"John Donne: 'Em Despedida, Proibindo o Pranto'" (tradução com uma nota sobre a "poesia metafísica" e a poesia de João Cabral de Melo Neto). 5.5.57.
AUGUSTO DE CAMPOS	"E. E. Cummings: Olho e Fôlego". 5.5.57.

EDGAR ALLAN POE	"A Filosofia da Composição" (tradução e nota de Décio Pignatari). 26.5.57.
AUGUSTO DE CAMPOS	"Marino: 'O Elogio da Rosa'" (tradução e nota). 16.6.57.
HAROLDO DE CAMPOS	"Theo Van Doesburg e a Nova Poesia". 7.7.57.
HAROLDO DE CAMPOS	"Um Inventor na Jovem Poesia Portuguesa". 18.8.57 e 17.11.57.
HAROLDO DE CAMPOS	"Oswald de Andrade". 1.9.57.
HAROLDO DE CAMPOS	"Panaroma em Português: Joyce Traduzido" (com a versão de dois fragmentos do *Finnegans Wake* por Augusto e Haroldo Campos). 15.9.57.
AUGUSTO DE CAMPOS	"Le Monocle de Mon Oncle", de Wallace Stevens (fragmentos, tradução). 6.10.57.
HAROLDO DE CAMPOS	"Palazzeschi e Ungaretti" (notas e traduções de poemas, inclusive a versão do poema espacial "Perfections du Noir", de Ungaretti, na página "Futurismo" (II), organizada por Mário Faustino). 1.12.57.
	"Wallace Stevens – 'Estudo: Duas Peras'" (tradução e nota sobre o "objetivismo" de Wallace Stevens), 1.12.57.
DÉCIO PIGNATARI	"Marinetti" (traduções de "simultaneidades" e do fragmento de prosa "Rumo a uma Nova Moral Canibal", na página "Futurismo" (IV), organizada por Mário Faustino). 15.12.57.
J. CAMPBELL E H. M. ROBINSON	"Introdução a um Assunto Estranho" (sobre o *Finnegans Wake* de Joyce, tradução de Augusto de Campos). 15.12.57.
DÉCIO PIGNATARI	"Cangiullo, Antonio Bruno, Benedetta" (traduções de fragmentos, na página "Futurismo" (V), organizada por Mário Faustino). 22.12.57.
AUGUSTO DE CAMPOS	"James Joyce em Finneganscópio" (página dupla, com um texto introdutório e tradução de seis fragmentos do *Finnegans Wake*). 29.12.57.
HAROLDO DE CAMPOS	"William Carlos Williams: Altos e Baixos" (estudo crítico e tradução de poemas). 2.2.58.
MAX BENSE	"Textos Visuais" (tradução de Haroldo de Campos). 25.11.61.

1.2. Textos publicados na página "Invenção", *Correio Paulistano*, São Paulo

HAROLDO DE CAMPOS	"I Punti Luminosi" (entrevista com Ezra Pound). 17.1.60.
DÉCIO PIGNATARI	"Um Inédito de Eugen Gomringer". 24.1.60.
DÉCIO PIGNATARI	"Max Bill e a Onda Tachista". 31.1.60.
HAROLDO DE CAMPOS	"Uma Nova Linguagem Comum" (sobre o livro *Poèmes* de Suzanne Bernard). 7.2.60.
AUGUSTO DE CAMPOS	"Cantares do Amor Perjuro". 14.2.60.
HAROLDO DE CAMPOS	"Oswald: 'Somos Concretistas'". 14.2.60.
HAROLDO DE CAMPOS	"Nota sobre 'Nota'" (com a tradução do artigo "Há uma Nova Poesia Alemã", de G. v. Graevenitz e J. Morschel). 21.2.60.
HAROLDO DE CAMPOS	"Três Poemas de Helmut Heissenbuettel" (com uma nota introdutória). 21.2.60.
MAX BENSE	"Fotoestética" (tradução de Haroldo de Campos). 28.2.60.
HAROLDO DE CAMPOS	"Montagem: Max Bense" (nota introdutória e seleção de textos traduzidos). 6.3.60.
HAROLDO DE CAMPOS	"Nô: Hagoromo". 20.3.60.
DÉCIO PIGNATARI	"Presentes! e Ausentes..." (sobre os jovens construtivistas espanhóis, com excertos de manifestos). 20.3.60.
HAROLDO DE CAMPOS	"Stuttgart, 1960: Exposição 'Textos Concretos'" (nota introdutória e tradução de excertos do catálogo, inclusive a "Teoria do Texto", de Max Bense). 27.3.60.
HAROLDO DE CAMPOS	"Edgard Braga em Redimensão". 10.4.60.
HAROLDO DE CAMPOS	"Murilo e o 'Mundo Substantivo'". 17.4.60.
HAROLDO DE CAMPOS	"Bashô Vivo" (nota introdutória e tradução). 1. 5.60.
HAROLDO DE CAMPOS	"Os Estenogramas Líricos de August Stramm". 15.5.60.
HAROLDO DE CAMPOS	"Tóquio, 1960: Exposição 'Poesia Concreta Brasileira'" (com a tradução do poema "Monotonia do Espaço Vazio", de Kitasono Katsue). 22.5.60.

HAROLDO DE CAMPOS	"Nota sobre a Poesia de Felix de Athayde". 29.5.60.
HAROLDO DE CAMPOS	"Marianne Moore: O Labirinto Objetivo" (com tradução do poema "O Peixe", por Augusto de Campos). 5.6.60.
HAROLDO DE CAMPOS	"Duas Palavras sobre Agustin Larrauri" (com tradução do texto "O *Igitur* de Mallarmé", de A. Larrauri). 12.6.60.
HAROLDO DE CAMPOS	"Bashô: Réprise" (nota introdutória e tradução). 19.6.60.
HAROLDO DE CAMPOS	"Mário contra a Maré" (sobre a poesia de Mário da Silva Brito). 26.6.60.
MAX BILL	"Afirmação sobre a Arte Concreta" (tradução e nota introdutória de Haroldo de Campos). 17.7.60.
HAROLDO DE CAMPOS	"Sombra, Montes, Erva, Verde, Pedra, Dama" (sobre as "rime petrose" de Dante, com uma tradução da sextina "Al poco giorno", por H. Campos, e um fragmento da canção "L'Aura Amara", de Arnaut Daniel, traduzido por A. Campos). 31.7.60.
HAROLDO DE CAMPOS	"Ecos da Exposição 'Poesia Concreta Brasileira' em Tóquio" (nota informativa, acompanhada do texto "Poesia Concreta Brasileira", de Kitasono Katsue, traduzido por J. Santana do Carmo, e de um poema de Kitasono, vertido por H. Campos). 31.7.60.
HAROLDO DE CAMPOS	"Uma Análise Teórico-informativa do *Lance de Dados*" (acompanhado de "*O Lance de Dados* de Stéphane Mallarmé e a Mensagem", de Jean Hyppolite, em tradução de H. Campos). 14.8.60.
HAROLDO DE CAMPOS	"Mary Vieira: Escultura" (nota). 21.8.60.
AUGUSTO DE CAMPOS	"Pierre Reverdy em Brancas Nuvens" (nota crítica e traduções). 28.8.60.
HAROLDO DE CAMPOS	"Carlo Belloli: Textos-Poemas" (nota crítica e traduções, acompanhadas pela versão do texto "Luciestruturas de Roger Humbert", de C. Belloli). 11.9.60.
HAROLDO DE CAMPOS	"Islândia: Diter Rot" (nota). 25.9.60.

TOMÁS MALDONADO	"Comunicação e Semiótica" (tradução de H. Campos, com nota explicativa). 9.10.60.
AUGUSTO DE CAMPOS	"Lewis Carroll: Jabberwocky/Jaguadarte" (tradução e nota). 23.10.60.
EUGEN GOMRINGER	"O Poema como Objeto de Consumo" (tradução e nota de H. Campos). 4.12.60.
HAROLDO DE CAMPOS	"O Fabulário Linguístico de Christian Morgenstern". 4.12.60.
AUGUSTO DE CAMPOS	"Corbière e Pound" (nota crítica acompanhada da tradução do poema "Epitáfio", de Corbière). 4.12.60.
AUGUSTO E HAROLDO DE CAMPOS	"Montagem: Sousândrade" (estudo crítico e seletânea). 18.12.60 (I), 1.1.61 (II), 15.1.61 (III), 29.1.61 (IV), 12.2.61 (V) e 26.2.61 (VI).

1.3. Textos publicados no "Suplemento Literário" de O Estado de S. Paulo

HAROLDO DE CAMPOS	"Poesia Concreta no Japão: Kitasono Katsue" (com a tradução do poema "Monotonia do Espaço Vazio"). 10.5.58.
HAROLDO DE CAMPOS	"Haicai: Homenagem à Síntese" (com a tradução de um *haicai* de Buson). 30.8.58.
AUGUSTO DE CAMPOS	"O Lance de Dados do *Finnegans Wake*" (com um fragmento traduzido). 29.11.58.
AUGUSTO DE CAMPOS	"Gertrude Stein e a Melodia de Timbres" (com dois fragmentos traduzidos). 14.3.59.
HAROLDO DE CAMPOS	"A Nova Estética de Max Bense". 21.3.59 (I – "Crítica e Obra de Invenção") e 4.4.59 (II – "A Categoria da Criação").
HAROLDO DE CAMPOS	"A Crítica em Situação" (polêmica). 25.11.61.
HAROLDO DE CAMPOS	"Phantasus: A Revolução da Lírica". 10.3.62; "Phantasus: A Elefantíase do Projeto". 12.5.62.
AUGUSTO DE CAMPOS	"Non multa sed multum". 2.6.62; "O Revolucionário Kilkerry". 16.6.62.
HAROLDO DE CAMPOS	"Francis Ponge: A Aranha e sua Teia" (na página especial "Textos Visuais", introduzindo o poema "L'Araignée Mise au Mur", de Ponge). 7.7.62.

DÉCIO PIGNATARI	"Estela, estrela(s)" (na página especial "Textos Visuais", introduzindo o poema "Stèle pour vivre n. 3 / Estela Cubana"). 7.7.62.
HAROLDO DE CAMPOS	"Estela para e.e.cummings". 22.9.62.
HAROLDO DE CAMPOS	"Maiakóvski e o Construtivismo" (em página especial, incluindo a tradução, por H. Campos e Boris Schnaidermann, do poema "Carta a Tatiana Iácovleva", de Maiakóvski). 29.9.62.
HAROLDO DE CAMPOS	"Drummond: Mestre das Coisas" (no número especial, dedicado a Carlos Drummond de Andrade). 27.10.62.
AUGUSTO E HAROLDO DE CAMPOS	"De Holz a Sousândrade" (com a tradução integral de "Marinha Barroca", de Arno Holz). 17.11.62.
HAROLDO DE CAMPOS	"Poesia Brasileira em Inglês". 1.12.62.
HAROLDO DE CAMPOS	"A Linguagem do Iauaretê" (sobre a estória "Meu Tio, o Iauaretê", de Guimarães Rosa). 22.12.62.
HAROLDO DE CAMPOS	"Murilo e o Mundo Substantivo". 19.1.63 (I) e 26.1.63 (II).
AUGUSTO DE CAMPOS	"A Prosa é Mobile" (sobre "Mobile", de Michel Butor). 23.3.63 (I) e 30.3.63 (II).
HAROLDO DE CAMPOS	"Lirismo e Participação" (sobre o "Cântico dos Cânticos para Flauta e Violão", de Oswald de Andrade). 6.7.63.
HAROLDO DE CAMPOS	"Miramar e Macunaíma". 27.7.63 (I) e 3.8.63 (II); "Raízes do Miramar". 17.8.63 (I), 24.8.63 (II) e 31.8.63 (III).
AUGUSTO DE CAMPOS	"Dois Sonetos de Mallarmé" (tradução). 19.10.63.
HAROLDO DE CAMPOS	"No Horizonte do Provável". 19.10.63 (I), 26.10.63 (II) e 2.11.63 (III).
HAROLDO DE CAMPOS	"Três Poemas Chineses" (versão direta do original, com observância do valor visual da escrita ideográfica). 4.1.64.
HAROLDO DE CAMPOS	"A Voz Violenta" (sobre a novíssima poesia italiana). 11.1.64 (I) e 18.1.64 (II).
AUGUSTO DE CAMPOS	"Arnaut: O Melhor Artífice". 25.1.64 (I), 1.2.64 (II) e 8.2.64 (tradução de "L'Aura Amara", de Arnaut Daniel).

DÉCIO PIGNATARI	"O Desenhista Industrial". 9.5.64.
DÉCIO PIGNATARI	"Arte Gráfica e a Outra". 30.5.64.
HAROLDO DE CAMPOS	"Visualidade na Poesia Japonesa" (página especial, compreendendo texto crítico e traduções de poemas, estas por H. Campos e L. C. Vinholes). 25.7.64.
DÉCIO PIGNATARI E LUIS ÂNGELO PINTO	"Nova Linguagem, Nova Poesia" (com exemplos de poemas-código de D. Pignatari, L. A. Pinto e R. Azeredo). 26.9.64.
MAX BENSE	"Poesia Natural e Poesia Artificial" (tradução e nota de H. Campos). 10.10.64.
HAROLDO DE CAMPOS	"Estilística Miramarina" (no número especial dedicado a Oswald de Andrade). 24.10.64.
DÉCIO PIGNATARI	"Marco Zero de Andrade" (no número especial dedicado a Oswald de Andrade). 24.10.64.
AUGUSTO DE CAMPOS	"Objetivo: Louis Zukofsky". 7.11.64 (I) e 14.11.64 (II).
AUGUSTO DE CAMPOS	"Bob Brown: Poemas Óticos". 9.1.65.
HAROLDO DE CAMPOS	"O Dante das 'Rimas Pedrosas'" (no número especial dedicado ao setingentésimo aniversário do nascimento de Dante, compreendendo texto introdutório e tradução das 4 "canções pedrosas"). 22.5.65.
AUGUSTO DE CAMPOS	"Re-Visão de Kilkerry" (com o poema "Cetáceo"). 24.7.65.
AUGUSTO DE CAMPOS	"Kilkerry: Palavras-chave". 31.6.65.
AUGUSTO DE CAMPOS	"Atualidade dos Poetas 'Metafísicos'" (com traduções de Donne, Herbert, Marvell e Crashaw). 7.8.65.
HAROLDO DE CAMPOS	"Miramar Revém" (polêmica). 7.8.65 (I) e 14.8.65 (II).

1.4. Textos publicados em locais diversos

DÉCIO PIGNATARI	"Poesia Concreta ou Ideogrâmica" (entrevista). *Graal*, n. 2, Lisboa, 1956.

"PINTURA, Desenho, Escultura e Poesia na Exposição Nacional de Arte Concreta" (reportagem contendo entrevista de D. Pignatari). *Folha da Noite*, São Paulo, 3.12.56.

AUGUSTO E HAROLDO DE CAMPOS	"Poesia Concreta" (como "Poesia em Situação"), entrevista a Milton de Lima Sousa, *Diário Popular*, São Paulo, 22.12.56.

"ARTE CONCRETA: Questão Aberta" (reportagem, com opiniões dos participantes da Exposição de Poesia Concreta), *Jornal de Letras*, Rio de Janeiro, fev.-mar. 1957.

LUÍS EDGARD DE ANDRADE	"O 'Rock'n Roll' da Poesia" (reportagem, com depoimentos dos participantes da Exposição de Poesia Concreta), *O Cruzeiro*, Rio de Janeiro, 2.3.57.
DÉCIO PIGNATARI	"A Poesia Concreta e a Propaganda" (entrevista para a revista *Propaganda*), São Paulo, n. 14, abr. 1957.
DÉCIO PIGNATARI	"Notas" (sobre a "Exposição Nacional de Arte Concreta"), revista *ad*, ano IV, n. 22, São Paulo, mar.-abr. 1957.
DÉCIO PIGNATARI	"Poesia Concreta" (entrevista a Alberto Amêndola Heinzl), *Diário do Povo*, Campinas, 19.9.57.
DÉCIO PIGNATARI	"IV Bienal de São Paulo", revista *ad*, ano IV, n. 25, São Paulo, set.-out. 1957.
DÉCIO PIGNATARI	"Volpi", *Arquitetura Mackenzie*, n. 1, out. 1957.
HAROLDO DE CAMPOS	"Arte Concreta no Ceará", revista *ad*, ano V, n. 27, São Paulo, fev.-mar. 1958.
AUGUSTO E HAROLDO DE CAMPOS + DÉCIO PIGNATARI	"Poesia Concreta: Pontos nos ii" (sobre o afastamento do *Jornal do Brasil*), A *Tribuna*, Tribuna dos Livros, Rio de Janeiro, 26, 27.4.58.
HAROLDO DE CAMPOS	"Morgenstern, Poeta Alemão de Vanguarda", *Jornal de Letras*, Rio de Janeiro, jun. 1958.
HAROLDO DE CAMPOS	"Lance de Olhos sobre 'Um Lance de Dados'" (com a tradução de dois fragmentos de *Un Coup de Dés*), *Jornal de Letras*, Rio de Janeiro, ago. 1958.
DÉCIO PIGNATARI	"Oswald de Andrade: Riso (Clandestino) na Cara da Burrice", *Jornal do Centro de Ciências, Letras e Artes*, n. 2, Campinas, out. 1958.
DÉCIO PIGNATARI	"Publicidade – O Texto Vivo" (sobre a possibilidade de um anúncio concreto, com ilustrações), *O Estado de S. Paulo*, 16.11.58.

DÉCIO PIGNATARI	"O Concretismo É uma Preocupação Nacional" (entrevista). *O Estado da Bahia*, 23.12.58.
DÉCIO PIGNATARI	"Arte Concreta e Conteúdo" (notícia-resumo de palestra no auditório das "Folhas"), *Folha da Tarde*, São Paulo, 5.2.59.
DÉCIO PIGNATARI	"Poesia Concreta é Produto de Exportação" (entrevista), *Diário de Minas*, Belo Horizonte, 5.3.59.
DÉCIO PIGNATARI	"Concretos de Cá" (entrevista), *Tribuna da Imprensa*, Tabloide, Rio de Janeiro, 18, 19.4.59.
AUGUSTO DE CAMPOS	"Um Lance de Dês do *Grande Sertão*" (Guimarães Rosa e Joyce, estudo comparativo), *Revista do Livro*, n. 16, Rio de Janeiro, INL, dez. 1959.
DÉCIO PIGNATARI	"Concretismo na Publicidade", artigo de capa da revista PN – *Publicidade e Negócios*, n. 420, São Paulo, 4.4.60.
AUGUSTO E HAROLDO DE CAMPOS + DÉCIO PIGNATARI	"Ezra Pound: Primeira Tradução no Brasil" (entrevista), *Tribuna da Imprensa*, Tabloide, Rio de Janeiro, 23, 24.7.60.
DÉCIO PIGNATARI	"Apresentação para o Catálogo da Mostra de Raul Porto", Galeria de Arte da Folha, São Paulo, 15.12.60.
HAROLDO DE CAMPOS	"Mário contra a Maré" (posfácio ao livro de poemas *Universo de Mário da Silva Brito*), São Paulo, Editora das Américas, jun. 1961.
DÉCIO PIGNATARI	"Apresentação para o Catálogo da Mostra de Hermelindo Fiaminghi", Galeria Aremar, Campinas, jun.-jul. 1961.
HAROLDO DE CAMPOS	"Conversa com o Escritor" (entrevista a Laís Corrêa de Araújo), *O Estado de Minas*, Belo Horizonte, 13.8.61.
HAROLDO DE CAMPOS	"Maiakóvski em Português: Roteiro de uma Tradução" (com a versão do poema "A Sierguei Iessiênin"), *Revista do Livro*, n. 23/24, Rio de Janeiro, INL, jul.-dez. 1961.
HAROLDO DE CAMPOS	"Noigandres: Konkrete Texte" (posfácio à antologia de mesmo título), série "Rot", n. 7, Stuttgart, jan. 1962.

DÉCIO PIGNATARI	"Situação Atual da Poesia no Brasil" (tese-relatório para o II Congresso Brasileiro de Crítica e História Literária, FFCL de Assis, SP), *Invenção*, ano I, n. 1, São Paulo, 1º trimestre 1962. Reproduzido em *Anais do Segundo Congresso Brasileiro de Crítica e História Literária*, FFCL de Assis, 1963.
HAROLDO DE CAMPOS	"A Poesia Concreta e a Realidade Nacional", *Tendência*, n. 4, Belo Horizonte, 1962.
HAROLDO DE CAMPOS	"Cartas (excertos) a Affonso Ávila e Rui Mourão", *Tendência*, n. 4, Belo Horizonte, 1962.
MAX BENSE	"Brasília" (tradução e nota de Haroldo de Campos), *Invenção*, ano I, n. 2, São Paulo, 2º trimestre 1962.
AUGUSTO E HAROLDO DE CAMPOS	"Montagem: Sousândrade", *Estudos Universitários*, Revista de Cultura da Universidade do Recife, n. 2, out.-dez. 1962.
DÉCIO PIGNATARI	"Participação, Produção, Consumo", *Estudos Universitários*, Revista de Cultura da Universidade do Recife, n. 2, out.-dez. 1962.
DÉCIO PIGNATARI	"Notícia: A Poesia Brasileira em Ação" (tese-relatório para o III Congresso Brasileiro de Crítica e História Literária), João Pessoa, Paraíba, dez. 1962 (os Anais respectivos ainda não foram publicados).
HAROLDO DE CAMPOS	"Maiakóvski e a Telegoarte" (sobre a poesia russa de vanguarda, com tradução de poemas de Khliébnikov, Maiakóvski e Ievtuchenko), *Tempo Brasileiro*, n. 2, Rio de Janeiro, dez. 1962.
DÉCIO PIGNATARI	"Procure o Referente", *Propaganda*, n. 80, São Paulo, dez. 1962.
HAROLDO DE CAMPOS	"Edgard Braga: Soma Sensível" (posfácio ao livro de poemas *Soma*, de Edgard Braga), São Paulo, Edições Invenção, maio 1963.
HAROLDO DE CAMPOS	"A Poesia Concreta É uma Poesia em Processo e em Progresso" (entrevista a Ruy Carlos Ostermann), *Correio do Povo*, Porto Alegre, 11.8.63.

AUGUSTO E HAROLDO DE CAMPOS + DÉCIO PIGNATARI	Entrevistas a *O Estado de Minas*, Belo Horizonte (por ocasião da "Semana Nacional de Poesia de Vanguarda"), 25.8.63.
HAROLDO DE CAMPOS	"Da Tradução como Criação e como Crítica" (tese para o III Congresso Brasileiro de Crítica e História Literária, João Pessoa, Paraíba), *Tempo Brasileiro*, n. 4/5, Rio de Janeiro, jun.-set. 1963.
AUGUSTO E HAROLDO DE CAMPOS	"Sousândrade: O Terremoto Clandestino", *Revista do Livro*, n. 25, Rio de Janeiro, INL, mar. 1964.
HAROLDO DE CAMPOS	"Lygia Clark na Alemanha, com seus 'Objetos Variáveis' vistos por Max Bense" (reportagem), *Correio da Manhã*, Rio de Janeiro, 1.3.64.
HAROLDO DE CAMPOS	"Murilo Mendes, Romario" (reportagem), *Correio da Manhã*, Rio de Janeiro, 7.4.64.
HAROLDO DE CAMPOS	"Apresentação do Catálogo do Pintor G. C. Kirchberger", Stuttgart, Galeria Müller, mar.-abr. 1964.
HAROLDO DE CAMPOS	Posfácio ("Nachwort") a *O Cão sem Plumas* (*Der Hund ohne Federn*), de João Cabral de Melo Neto, tradução alemã de Willy Keller, série "Rot", n. 14, edição M. Bense e E. Walther, Stuttgart, abr. 1964.
HAROLDO DE CAMPOS	"Max Bense: A Fantasia Racional" (reportagem), *Correio da Manhã*, Rio de Janeiro, 9.5.64.
HAROLDO DE CAMPOS	"Entrevista" a Francisco Bandeira de Mello, *Jornal do Comércio*, Recife, 24.5.64.
DÉCIO PIGNATARI	"A Profissão do Desenhista Industrial" (com uma fotomontagem especial), *Habitat*, n. 77, São Paulo, maio-jun. 1964.
DÉCIO PIGNATARI	"The Concrete Poets of Brazil", *The Times Literary Supplement*, n. 3.262 (número especial dedicado à poesia de vanguarda no mundo), Londres 3.9.64.
HAROLDO DE CAMPOS	"Miramar na Mira", estudo crítico para a reedição das *Memórias Sentimentais de João Miramar*, de Oswald de Andrade, São Paulo, Difusão Europeia do Livro, 1964.

DÉCIO PIGNATARI E LUIS ÂNGELO PINTO	"Nuevo Lenguaje, Nueva Poesía", *Revista de Cultura Brasileña*, n. 10, Madrid, out. 1964.
DÉCIO PIGNATARI	"Vanguardia como Antiliteratura", *Revista de Cultura Brasileña*, n. 11, Madrid, dez. 1964.
AUGUSTO DE CAMPOS	"Concreto e Ismo", *Revista de Cultura Brasileña*, n. 11, Madrid, dez. 1964.
HAROLDO DE CAMPOS	"Literatura Brasileña de Vanguardia: Una Declaración", *Revista de Cultura Brasileña*, n. 11, Madrid, dez. 1964.
DÉCIO PIGNATARI	"O Tipófago" (texto para a folhinha de "Planegraphis", com *layout* de Alexandre Wollner), São Paulo, dez. 1964.
HAROLDO DE CAMPOS	"A Arte no Horizonte do Provável", *Invenção*, ano 3, n. 4, São Paulo, dez. 1964.
HAROLDO DE CAMPOS	"Dois Dedos de Prosa sobre uma Nova Prosa" (introdução à prosa experimental "Livro de Ensaios-1 – Galáxias"), *Invenção*, ano 3, n. 4, São Paulo, dez. 1964.
AUGUSTO DE CAMPOS	"Breve Exposição sobre uma Explosição de Expoemas Popcretos", *Invenção*, ano 3, n. 4, São Paulo, dez. 1964.
DÉCIO PIGNATARI E LUIS ÂNGELO PINTO	"Crítica, Criação e Informação", *Invenção*, ano 3, n. 4, São Paulo, dez. 1964.
DÉCIO PIGNATARI E LUIS ÂNGELO PINTO	"New Language, New Poetry", *Invenção*, ano 3, n. 4, São Paulo, dez. 1964.
DÉCIO PIGNATARI	"O Belo na Produção em Massa" (entrevista em artigo de capa), *Visão*, vol. 26, n. 5, São Paulo, 5.2.65.
AUGUSTO DE CAMPOS	"Poetas de Vanguarda Tomam Posição" (entrevista a José Louzeiro), *Correio da Manhã*, Rio de Janeiro, 13.3.65.
DÉCIO PIGNATARI	"Poesia Concreta sem Palavras" (entrevista a José Louzeiro), *Correio da Manhã*, Rio de Janeiro, 21.8.65.

1.5. Textos de José Lino Grünewald

"Noigandres 3 – Poesia Concreta", "Suplemento Dominical" do *Jornal do Brasil*, Rio de Janeiro, 7.4.57.

"Noigandres 3" (resenha), *idem*, 9.6.57.

"Spanudis Catarata" (polêmica), *idem*, 22.7.57 (I) e 27.10.57 (II).

Tradução (com nota introdutória) de "O Ideograma", texto extraído do livro *The Poetry of Ezra Pound*, de Hugh Kenner, *idem*, 11.8.57 (I – "Ver") e 18.8.57 (II – "Fazer").

Tradução (com nota introdutória) de "O Princípio Cinematográfico e o Ideograma", texto extraído do livro *Film Form*, de Siergei M. Eisenstein, *idem*, 25.8.57 (I) e 1.9.57 (II). Publicação conjunta (com nota) do cine-poema "semi di zucca", de D. Pignatari.

"Depoimento", *idem*, 23.2.58.

"A Poesia Concreta e a Obra Participante", *Correio da Manhã*, Rio de Janeiro, 8.3.58.

"Poesia Concreta" (ensaio), *Revista do Livro*, n. 10, Rio de Janeiro, INL, jun. 1958.

"Poesia Concreta – O Artista em Situação", *Revista "Movimento"*, UNE, Rio de Janeiro, 1959.

"Poesia Concreta – Movimento em Expansão", *Correio da Manhã*, Rio de Janeiro, 21.2.59.

"Ezra Pound Crítico", *idem*, 11.4.59.

"Concretismo e Não Concretismo", *idem*, 25.4.59.

"A Outra Face de Lorca", *idem*, 16.5.59.

"Uma Nova Estrutura" (sobre o poema "caviar o prazer", de D. Pignatari), *idem*, 31.10.59.

Tradução (com nota introdutória) de "A Revisão da Visão", de S. I. Hayakawa, página "Invenção", *Correio Paulistano*, 21.2.60.

"William Carlos Williams: Variantes e Vertentes" (com traduções de poemas), *idem*, 13.3.60.

"Lucidez /Invenção – Lorca" (com "Antologia-Minuto" de traduções), *idem*, 17.4.60.

"E. E. Cummings em Português", *Tribuna da Imprensa*, Tabloide, Rio de Janeiro, 4, 5.6.60.

"Cassiano: Fuga ao Academismo" (sobre os altos e baixos da *Montanha Russa*), *idem*, 25, 26.6.60.

"O Último Livro de Cabral: 'Quaderna'", *idem*, 6, 7.8.60.

"Pound/Thrones", página "Invenção", *Correio Paulistano*, 9.10.60.
"O Jarro de Flores" (tradução de poema de W. C. Williams, com nota), *idem*.
"Ezra Pound – Cantares", *Tribuna da Imprensa*, Tabloide, Rio de Janeiro, 22, 23.10.60.
"A Poesia Concreta no Âmbito Internacional", *idem*, 14, 15.1.61.
"Haicais & Concretos" (sobre o livro de poemas de Pedro Xisto), "Suplemento Dominical" do *Jornal do Brasil*, Rio de Janeiro, 3.6.61.
"Reto Direto Concreto", *Correio da Manhã*, Rio de Janeiro, 29.6.61.
"Assis – 2º Congresso de Crítica e História Literária", "Suplemento Dominical" do *Jornal do Brasil*, Rio de Janeiro, 2.8.61.
"Flashs – Maiakóvski" (com a tradução do poema "O Poeta é um Operário"), Suplemento "Metropolitano" do *Diário de Notícias*, Rio de Janeiro, 23.9.61.
"Depoimento", revista *Tendência*, n. 4, Belo Horizonte, 1962.
"A Grande Tradição Metafísica", *Correio da Manhã*, Rio de Janeiro, 5.5.62.
"Shakespeare e a Poesia Metafísica" (com a tradução de "A Fênix e a Pomba"), *idem*, 9.6.62.
"A Questão Participante", *idem*, 18.8.62.
"Mário Faustino – Poeta e Crítico", *idem*, 15.12.62.
"Escapismo e Participação", *idem*, 12.1.63.
"Vanguarda e Retaguarda" (polêmica), *idem*, 23.3.63.
"Pound e Laforgue", *idem*, 3.8.63.
"Pound e Vidal", *idem*, 31.8.63.
"A Onça e a Preguiça" (polêmica), *idem*, 23.5.64.
"Cesariny, Poeta de Proa", *idem*, 13.6.64.
"Antenas da Raça" (a propósito da "Re/Visão de Sousândrade", de A. e H. Campos), *idem*, 11.7.64.
"Poesia – Flashes", *idem*, 31.10.64.
"Mário Faustino – '5 Ensaios'" (resenha bibliográfica), "Suplemento Literário" de *O Estado de S. Paulo*, 19.12.64.

2. livros

HAROLDO DE CAMPOS. *Auto do Possesso*. São Paulo, Clube de Poesia, 1950.
DÉCIO PIGNATARI. *O Carrossel*. São Paulo, Clube de Poesia, 1950.
AUGUSTO DE CAMPOS. *O Rei Menos o Reino*, São Paulo. Edição do Autor, 1951.

AUGUSTO DE CAMPOS, DÉCIO PIGNATARI & HAROLDO DE CAMPOS. *Noigandres 1*, São Paulo, 1952.
AUGUSTO DE CAMPOS & HAROLDO DE CAMPOS. *Noigandres 2*. São Paulo, 1955.
AUGUSTO DE CAMPOS, DÉCIO PIGNATARI, HAROLDO DE CAMPOS & RONALDO AZEREDO. *Noigandres 3 – Poesia Concreta*. São Paulo, 1956.
AUGUSTO DE CAMPOS, DÉCIO PIGNATARI, HAROLDO DE CAMPOS & RONALDO AZEREDO. *Noigandres 4 – Poesia Concreta*. São Paulo, 1958.
DÉCIO PIGNATARI. *Life*, poemalivro. São Paulo, 1958.
JOSÉ LINO GRÜNEWALD. *Um e Dois*. São Paulo, 1958.
DÉCIO PIGNATARI. *Organismo*, poemalivro. São Paulo, 1960.
AUGUSTO DE CAMPOS, DÉCIO PIGNATARI & HAROLDO DE CAMPOS. *Ezra Pound – Cantares*. Tradução em equipe, com introdução e notas finais por H. Campos. Rio de Janeiro, Ministério da Educação e Cultura, Serviço de Documentação, 1960.
AUGUSTO DE CAMPOS. *E. E. Cummings – 10 Poemas*. Tradução e introdução crítica. Rio de Janeiro, Ministério da Educação e Cultura, Serviço de Documentação, 1960.
AUGUSTO DE CAMPOS, DÉCIO PIGNATARI, HAROLDO DE CAMPOS, JOSÉ LINO GRÜNEWALD & RONALDO AZEREDO. *Antologia Noigandres 5 – Do Verso à Poesia Concreta*. São Paulo, 1962.
HAROLDO DE CAMPOS. *Servidão de Passagem*, poemalivro. São Paulo, 1962.
AUGUSTO & HAROLDO DE CAMPOS. *Panoroma do Finnegans Wake de James Joyce*" (11 fragmentos traduzidos, textos críticos e notas). São Paulo, Conselho Estadual de Cultura, Comissão de Literatura, 1962.
AUGUSTO & HAROLDO DE CAMPOS. *Re/Visão de Sousândrade*. Ensaio introdutório, antologia e glossário; o volume contém colaborações especiais de Luiz Costa Lima e Erthos A. de Souza. São Paulo, 1964. Separata "O Inferno de Wall Street", provida de iconografia.
HAROLDO DE CAMPOS. *Álea I – Variações Semânticas*, poemalivro (permutacional). São Paulo, 1964.

3. algumas publicações estrangeiras

"NOIGANDRES-Gruppe", *Nota*, n. 2, München, jul.-set. 1959.
P. A. JANNINI. *Storia della Letteratura Brasiliana* ("La 'Poesia Concreta'"), Milano, Nuova Academia, out. 1959.

STUDIUM GENERALE – KONKRETE TEXTE (catálogo da exposição organizada por Max Bense na Technische Hochschule), Stuttgart, 1960.

KONKRETE POESIE / POESIA CONCRETA – IDEOGRAMME (antologia organizada por Eugen Gomringer), Frauenfeld (Suíça), 1960.

"Kleine Antologie Konkreter Poesie zusammengestellt von Eugen Gomringer", *Spirale*, n. 8, Berna, out. 1960.

MAX BENSE. "Programmierung des Schönen – Aesthetica IV" ("Visuelle Texte"), Baden-Baden u. Krefeld, Agis Verlag, 1960.

"BRAZIL – Concrete Poems" (mostra de poesia concreta brasileira no Museu Nacional de Arte Moderna, Japão), *Info*, Tóquio, jun. 1960.

MAX BENSE. "Modelle", série "Rot", n. 6, Stuttgart, 1961.

PHILIPPE JACCOTTET. "Premières Notes sur la Poésie Concrète", *Gazette de Lausanne* (Suíça), 3.6.61 (republicado em *Invenção*, ano 1, n. 2, São Paulo, 2º trimestre 1962); resumo em *La nouvelle Nouvelle Revue Française*, n. 103, Paris, 1.7.61.

BRAZILIAN CONCRETE POETRY (antologia organizada por L. C. Vinholes), *Design*, Tóquio, dez. 1961.

NOIGANDRES / KONKRETE TEXTE (antologia organizada por Max Bense e Elisabeth Walther, com prefácio de Helmut Heissenbuettel), série "Rot", n. 7, Stuttgart, jan. 1962.

POESIA CONCRETA (antologia e "Plano-Piloto" [organização de Alberto da Costa e Silva], Lisboa, SEPRO – Serviço de Propaganda e Expansão Comercial da Embaixada do Brasil, 1962.

KONKRETE DICHTUNG AUS BRASILIEN – AUSSTELLUNG (catálogo da exposição organizada por Júlio Medaglia para o Lateinamerikanischer Kreis, Universidade de Freiburg), jan. 1963. – "Konkrete Poesie – Anlässlich des Sonderheftes 'noigandres' zum zehnjährigen Bestchen dieser Gruppe für Konkrete Poesie in Brasilien", conferência do Prof. Max Bense na inauguração da referida mostra (tradução para o português em *Invenção*, ano 2, n. 3, São Paulo, jun. 1963).

ANGEL CRESPO & PILAR GÓMEZ BEDATE. "Situación de la Poesía Concreta", *Revista de Cultura Brasileña*, n. 5, Madrid, SEPRO, jun. 1963.

AUGUSTO DE CAMPOS, DÉCIO PIGNATARI & HAROLDO DE CAMPOS. "Plan-pilote pour la poésie concrète" (versão francesa de Pierre Garnier), *Les Lettres – Poésie Nouvelle*, n. 31, Paris, nov. 1963.

DOM SYLVESTER HOUÉDARD. "Concrete Poetry and Ian Hamilton Finlay", *Typographica*, n. 8, London, 1963.

REINHARD. DÖHL. "Konkrete Poesie in Stuttgart" (reportagem sobre o curso de conferências de Haroldo de Campos no Studium Generale da Technische Hochschule), *Stuttgarter Leben*, mar. 1964.

PIERRE GARNIER. "Poésie concrète – Panorama" + "Quelques centres de poésie concrète", *Les Lettres – Poésie Nouvelle*, n. 32, Paris, abr. 1964.

"Poesía Concreta de Brasil" (antologia organizada por Haroldo de Campos), *El Corno Emplumado / The Plumed Horn*, n. 10, México, abr. 1964.

GERT QUENZER. "Konkrete Gestaltung. Konkrete Malerei. Konkrete Poesie. Ein Überblick und einige Zitate", *TH – Stuttgart*, n. 7, maio 1964.

SEIICHI NIIKUNI. Versão integral, para o japonês, do poema-livro *Servidão de Passagem*, de Haroldo de Campos, ed. L. C. Vinholes, por ocasião da Exposição Internacional de Poesia Concreta, Tóquio, Sogetsu-Kalkan, jun. 1964.

AUGUSTO DE CAMPOS, DÉCIO PIGNATARI & HAROLDO DE CAMPOS. "Plano-Piloto para Poesia Concreta", versão japonesa de Kitasono Katsue, *VOU*, n. 95, Tóquio, jun.-jul. 1964.

AUGUSTO DE CAMPOS. "Cidade, City, Cité", poema. Escócia, edição Wild Hawthorn Press (de Ian Hamilton Finlay), 1964.

The Times Literary Supplement – "The Changing Guard", London, 6.8.64 (I) e 3.9.64 (II), números especiais sobre a poesia de vanguarda no mundo, com estudos e referências sobre a poesia concreta brasileira (inclusive exemplos de poemas); em especial, artigos de Dom Sylvester Houédard ("Paradada"), Max Bense ("The Theory and Practice of Text") e Décio Pignatari ("Concrete Poetry"), e as resenhas sobre *Noigandres* e *Invenção*.

"Brasilianische Konkrete", *Manuskripte*, n. 11, Graz (Áustria), jun.-set. 1964; MAX BENSE – "Konkrete Poesie", idem. – MAX BENSE. "Experimentelle Schreibweisen", série "Rot", n. 17, Stuttgart, set. 1964.

JOSEF HIRSHAL & BOHUMILA GRÖGEROVÁ. "Tschechische Experimentalpoesie", *Manuskripte*, n. 12, Graz (Áustria), out. / dez. 1964.

"Kinetic Art: Concrete Poetry", *Image*, Cambridge, 1964.

"International Kinetic Poetry Exhibition / Concrete and Semiotic Poems", *Granta*, vol. 69, n. 1240, Cambridge, nov. 1964.

"Historia de la Poesía Concreta" (com a versão espanhola do "Plano-Piloto" e exemplos de poemas), *Cal*, n. 36, Caracas (Venezuela), nov. 1964.

JOHN NIST. "Brazilian Concretism", *Hispania*, vol. XLVII, n. 4, EUA, dez. 1964.

L. C. VINHOLES. "Poesia Concreta in Brazil", *Graphic Design*, Tóquio, jan. 1965.

MAX BENSE. "Brasilianische Intelligenz", Wiesbaden (Alemanha), Limes Verlag, 1965.

MAX BENSE. *Konkrete Poesie International* (antologia), série "Rot", n. 21, Stuttgart, maio 1965.

AUGUSTO DE CAMPOS. "Event / Acaso", poema, *Opening* n. 2, edição John Furnival, Gloucester, 1965.

ii. sinopse do movimento de poesia concreta

1952
— Fundação do Grupo "Noigandres", com o lançamento em SP da revista-livro de mesmo nome, por Augusto de Campos, Décio Pignatari e Haroldo de Campos. A palavra *Noigandres*, extraída (via Ezra Pound, Canto XX) de uma canção do trovador provençal Arnaut Daniel, é um termo cujo significado nem os romanistas sabem precisar ("Noigandres, eh *noi*gandres / Now what the DEFFIL can that mean!"). Foi tomada como sinônimo de poesia em progresso, como lema de experimentação e pesquisa poética em equipe.
— Contato com os pintores e escultores concretos de SP (Grupo "Ruptura"), liderados por Waldemar Cordeiro.
— Contato com jovens músicos da Escola Livre de Música.

1953
— Início da correspondência com Ezra Pound.
— Augusto de Campos escreve a série "poetamenos", o primeiro conjunto sistemático de poemas concretos, inspirados na "Klangfarbenmelodie" de Webern e na técnica ideogramática.
— Pignatari e Cordeiro comparecem ao Congresso Continental de Cultura (Chile).

1954

- Pignatari leciona no v Curso Internacional de Férias "Pro Arte", organizado por H. J. Koellreutter (Teresópolis, Estado do Rio, 10 a 31 de janeiro). Programa (publicado na imprensa): "I. Raízes da Poesia Moderna: Problemas e Projeção do Simbolismo (Rimbaud, Laforgue, Corbière, Mallarmé); II. Rarefação dos Limites Poesia-Prosa: James Joyce e Ezra Pound; III. A Forma na Poesia Moderna: As Grandes Conquistas Formais: Mallarmé, Joyce, Pound, Cummings. Situação da Moderna Poesia Brasileira. (No decorrer do nosso curso, daremos ênfase especial às pesquisas técnico-formais da vanguarda poética contemporânea: estruturação das novas sintaxes; o problema da palavra na organização do poema e a 'definição precisa'; a palavra inesperada e a metáfora; valorização da página mediante fatores visuais e plásticos. Paralelamente, exemplos concretos objetivarão os principais problemas, tais como foram localizados por autores representativos de uma visão universalista da arte)". Na ocasião, com auxílio de Damiano Cozzella e outros músicos, Pignatari promove uma oralização de poemas do "poetamenos" de Augusto.
- Contato com o compositor Pierre Boulez em SP, à base de um interesse recíproco pela conjunção Webern/Mallarmé.
- Pignatari viaja à Europa. Em Paris, aprofunda o contato com Boulez e conhece outros músicos (Cage, Varèse, Philippot, o maestro Scherchen). Por correspondência, o Grupo "Noigandres" entredebate problemas estéticos e ideológicos (Sartre e a questão da participação do poeta).

1955

- *Fevereiro*: *Noigandres 2*, com "Ciropédia ou a Educação do Príncipe" de H. Campos e "poetamenos" de A. Campos.
- *Maio*: Hugh Kenner escreve: "The *allotropic images* constitute a solid principle however; if you can steer past the Charybdis of Dada you will probably have accomplished something important".
- *Março a julho*: Publicação dos primeiros artigos teóricos sobre a nova poesia, por A. Campos e H. Campos.

- *Outubro*: O termo "Poesia Concreta" é lançado como título de um artigo de A. Campos.
- *Novembro*: No espetáculo comemorativo do 1º aniversário do Movimento "Ars Nova", dirigido pelo maestro Diogo Pacheco, é apresentada a oralização de três poemas concretos do "poetamenos", ao lado de composições musicais de Webern, Ernest Mahle e Cozzella. Os poemas são simultaneamente projetados (Teatro de Arena, SP). O nome "Poesia Concreta" já figura nos anúncios de imprensa e no programa. Numa sessão de debates que se segue, com o tema "O Tempo como Nova Dimensão", A. Campos fala sobre as correspondências estéticas entre a música, a literatura e a pintura novas.
- Pignatari, em Ulm, na Hochschule für Gestaltung (Escola Superior da Forma), contata Tomás Maldonado e o poeta suíço-boliviano Eugen Gomringer, então secretário de Max Bill. Gomringer era autor das *Konstellationen* (1953, poemas) e do manifesto "Do Verso à Constelação: Função e Forma de uma Nova Poesia" (*Spirale*, 1955). A surpresa e o interesse recíprocos determinaram uma aproximação proveitosa para ambas as partes.
- No Brasil, desde os primeiros meses de 1955, se estabelecera um contato entre Augusto de Campos e Ferreira Gullar, então numa fase niilista e destrutiva. Em carta de 23.2.55, Gullar manifesta "o maior respeito" pela série "poetamenos" de Augusto, cuja meditação, aliada à consideração dos artigos teóricos do Grupo "Noigandres", iria ajudá-lo a tentar superar o impasse em que se encontrava.

1956

- *Julho*: Pignatari regressa da Europa, depois de dar uma entrevista em Lisboa sobre "Poesia Concreta ou Ideogrâmica" (*Graal*, n. 2).
- Planeja-se, com Eugen Gomringer, uma *Antologia Internacional de Poesia Concreta*, cujo título é proposto pelo Grupo "Noigandres". Em 30.8.56, Gomringer escreve a Pignatari: "Votre titre *poésie concrète* me plait très bien. Avant de nommer mes 'poèmes' constellations, j'avais

vraiment pensé de les nommer 'concrets'. On pourrait bien nommer toute l'anthologie 'poésie concrète', quant à moi".
- Por sugestão de Mário Faustino, Reinaldo Jardim, diretor do "Suplemento Dominical" do *Jornal do Brasil*, convida o Grupo "Noigandres", Ferreira Gullar e o crítico Oliveira Bastos a colaborarem no "Suplemento".
- *Outubro*: Augusto de Campos inicia correspondência com E. E. Cummings.
- *Dezembro*: o Grupo "Noigandres" lança oficialmente o movimento de poesia concreta, na "Exposição Nacional de Arte Concreta", Museu de Arte Moderna, SP. Ao lado dos pintores e escultores da tendência, são expostos pela primeira vez cartazes-poemas dos integrantes da equipe "Noigandres" (acrescida de um novo membro, Ronaldo Azeredo). Participam, especialmente convidados, os poetas Ferreira Gullar e Wlademir Dias Pino. O número 20 da revista *ad* inclui o catálogo da exposição (reproduções de trabalhos plásticos, poemas e manifestos), convertendo-se no veículo do movimento em SP. No auditório do MAM, Pignatari e Oliveira Bastos pronunciam conferências sobre a nova poesia. Simultaneamente, sai o n. 3 de *Noigandres*, já com o subtítulo "poesia concreta" (que respondia à indagação-desafio dos números anteriores). Wlademir Dias Pino publica *A Ave* (poema-livro).

1957
- *Fevereiro*: a "Exposição Nacional de Arte Concreta" é trasladada para o saguão do Ministério da Educação e Cultura, RJ.
- Pignatari profere uma conferência polêmica, seguida de debates, na sede da União Nacional dos Estudantes.
- Mário Faustino, no "Suplemento Dominical" do *Jornal do Brasil* (SDJB), faz um balanço crítico da poesia brasileira, justificando a necessidade do lançamento do movimento ("Concretismo e Poesia Brasileira", republicado em *Cinco Ensaios*, Coletânea 2, RJ, GRD, 1964).
- Com a cobertura do *Jornal do Brasil*, o movimento ganha repercussão nacional. Revistas de grande circulação (*Revista do Globo*, *Revista da Semana*, *O Cruzeiro*) fazem amplas reportagens sobre a nova poesia.

– *Junho*: recital de poemas concretos pelo grupo "Ars Nova", com a apresentação da Sinfonia op. 21 de Webern, regida por Diogo Pacheco (Teatro Brasileiro de Comédia, SP).
– No n. 23 da revista *ad* sai o poema concreto-participante "coca-cola", de Pignatari.
– Cisão no movimento concreto: defendendo uma posição subjetivista e intuitiva, os poetas Ferreira Gullar e Reinaldo Jardim rompem esteticamente com o Grupo "Noigandres", secundados, àquela altura, por Oliveira Bastos, que depois retificaria sua posição, passando a atuar como observador independente: "Embora tendo assinado esse Manifesto" (o da cisão, divulgado com alarde no SDJB) "devo confessar que o mesmo implicaria, se desenvolvido na prática, uma negação da experiência concretista, pelo menos da experiência concretista proposta pelo grupo de São Paulo, que, ao cabo, resulta ser a única capaz de definir, com exatidão, o processo de criação de um poema concreto" ("Poesia Concreta: Metas e Limites", II, 25.8.57, *Diário de Notícias*, RJ). Da cisão Gullar-Jardim sairia o "Neoconcretismo", para durar até 1961.
– O "Suplemento Literário" de O *Estado de S. Paulo* dedica uma página especial à poesia concreta, organizada pelo Grupo "Noigandres" (1.6.57).
– *Julho*: mostra de arte concreta no Ceará (Fortaleza), promovida por poetas e artistas plásticos locais, animados por Alcides Pinto.
– *Agosto/setembro*: Pedro Xisto inaugura sua seção especializada de crítica de poesia na *Folha da Manhã*, SP, com uma série de quatro artigos sobre "Noigandres" e a poesia concreta ("Poesia em Situação", estudo editado em volume, em 1960, pelo Grupo Concreto do Ceará, Literarte).
– *Novembro*: Haroldo de Campos ingressa na poesia concreta brasileira o líder da poesia japonesa de vanguarda, Kitasono Katsue, diretor da revista *vou*, Tóquio (referida por Ezra Pound já na década de 1930).
– *Dezembro*: Manuel Bandeira, que se interessara pelo movimento a ponto de realizar algumas experiências paraconcretas, inclui a nova poesia (notícia e poemas) na 3ª edição de sua *Apresentação da Poesia Brasileira* ("Do Barroco ao Concretismo").

1958

- *Março*: *Noigandres* 4 (poemas-cartazes), com a síntese teórica "Plano-Piloto para Poesia Concreta". "Life" (cinepoema) de Pignatari.
- *Abril*: O Grupo "Noigandres" afasta-se do Suplemento do *Jornal do Brasil*, publicando um comunicado na imprensa carioca: "Poesia Concreta: Pontos nos ii". J. L. Grünewald e W. D. Pino solidarizam-se com o grupo de SP.
- José Lino Grünewald publica *Um e Dois* (a segunda parte, poemas concretos) e, na *Revista do Livro*, n. 10 (junho) o ensaio "Poesia Concreta", com antologia.

1959

- Gomringer publica poemas do Grupo "Noigandres" na *Spirale*, n. 6/7, Berna, Suíça.
- *Março*: Haroldo de Campos viaja à Europa. Divulga a poesia concreta brasileira e estabelece (ou renova) contatos: Oteiza, Equipo 57, Angel Crespo (Espanha); Ponge, Seuphor, Vantongerloo, Vasarely, Agam, Goléa, Luc Ferrari (Paris); Max Bense, Elisabeth Walther, Heissenbuettel (Technische Hochschule, Stuttgart), Stockhausen, Kagel, Hans G. Helms, König (Estúdio de Música Eletrônica, Colônia), Maldonado, Vordemberge-Gildewart, Mavignier (Ulm), Karl Gerstner, Carlo Belloli, Mary Vieira, Gomringer (Suíça), Munari, Scheiwiller (Itália) etc. Entrevista com Ezra Pound (Rapallo, agosto).
- A revista *Nota*, editada por G. v. Graevenitz e J. Morschel, Munique, apresenta poemas do Grupo "Noigandres" e a versão alemã do "Plano-Piloto" (n. 2, julho/setembro). Stockhausen faz uma conferência no Ferienkurse für Neue Musik, Darmstadt (26.8) sobre "Musik und Graphik", referindo-se ao Grupo "Noigandres" ("Darmstädter Beiträge zur Neuen Musik", Schott, 1960).
- Suzanne Bernard lança, em Paris, *Poèmes*, livro de poemas espaciais que revela a influência do Grupo "Noigandres", com o qual a autora entrara em contato via Pierre Boulez.
- Afrânio Coutinho inclui a poesia concreta em *A Literatura no Brasil*

(vol. III, tomo 1), escrevendo: "… como experimentalismo formal, o movimento se destina a produzir resultados benéficos".

1960
- Forma-se a equipe "Invenção", articulada pelo Grupo "Noigandres" (incluindo J. L. Grünewald), com a colaboração de Pedro Xisto, Edgard Braga e outros.
- A equipe mantém a página "Invenção", no *Correio Paulistano* (de janeiro de 1960 a fevereiro de 1961) e o programa "Invenção no Ar", de música de vanguarda, produzido na Rádio Excelsior por Cláudio Petraglia, sob a direção de Damiano Cozzella e Júlio Medaglia. Nos últimos números da página "Invenção", Augusto e Haroldo de Campos publicam a primeira versão de seu estudo sobre Sousândrade, com antologia.
- Max Bense promove a Exposição "Textos Concretos", no Studium Generale, anexo à Technische Hochschule, Stuttgart, com a apresentação do Grupo "Noigandres", W. D. Pino e Pedro Xisto, e poetas concretos de língua alemã. No catálogo, figura um excerto do "Plano-Piloto".
- Gomringer fala sobre a poesia concreta (brasileira e europeia) no ciclo dedicado à poesia experimental sob o patrocínio da revista *Nota* (Städtische Galerie, Munique).
- O compositor e poeta brasileiro L. C. Vinholes, coadjuvado pelo arquiteto J. R. Stroetter, promove uma exposição de poesia concreta brasileira no Museu Nacional de Arte Moderna de Tóquio. Apresentação de Kitasono Katsue. Reportagem sobre a mostra na revista *Info* (junho): "Artistas japoneses da geração mais jovem, poetas e músicos, sensíveis aos movimentos de vanguarda na Europa e nas Américas, mostraram extremo interesse na exposição. Acostumados ao ideograma dos caracteres chineses, não encontraram dificuldades para entendê-la e apreciá-la".
- Gomringer começa a editar a série de cadernos *Konkrete Poesie / Poesia Concreta*, em Frauenfeld (Suíça), com a epígrafe: "A poesia concreta é o capítulo estético da formação linguística universal de nossa época".
- *Organismo* (poema-livro), Pignatari.

- *Extralunário* (poemas incompletos), Edgard Braga.
- *Cantares de Ezra Pound* (tradução em equipe de A. e H. Campos + D. Pignatari) e *Poemas de E. E. Cummings* (tradução de A. Campos) são editados por Simeão Leal (Serviço de Documentação, MEC).
- Assis Brasil: "Concretismo: Literatura em Pânico", separata da revista *Cadernos Brasileiros* (abril/junho), RJ.
- Gomringer publica, como extratexto da revista *Spirale*, Berna (Suíça), uma "Kleine Antologie Konkreter Poesie", reunindo dezesseis poetas, de várias nacionalidades, dentre os quais sete brasileiros (R. Azeredo, A. Campos, H. Campos, J. L. Grünewald, F. Gullar, D. Pignatari, W. D. Pino).
- *Haikais & Concretos*, Pedro Xisto.

1961
- Exposição: "Internationale Manuskript Ausstellung Konkrete Poesie", com apresentação dos poemas-cartazes de *Noigandres 4*, Werkkunstschule, Wuppertal (promoção da Editora Kalender).
- Carlo Belloli lança *Stenogrammi della Geometria Elementare* (poemas concretos), na livraria Al Ferro di Cavallo, Roma, que apresenta mostra de livros e publicações dos concretos brasileiros. Presentes Ezra Pound e Murilo Mendes.
- Mário da Silva Brito lança *Universo*, Editora das Américas (junho).
- D. Pignatari é designado relator da seção "Poesia" do II Congresso Brasileiro de Crítica e História Literária, FFCL de Assis, SP (julho). Em sua tese-relatório "Situação Atual da Poesia no Brasil", coloca a questão participante em termos de uma poesia de vanguarda. Participam também do certame A. Campos, H. Campos e J. L. Grünewald. Cassiano Ricardo apresenta ao Congresso, como tese, o seu trabalho "22 e a Poesia de Hoje", no qual, situando-se perante a poesia concreta, escreve: "Considero o concretismo a mais importante pesquisa feita entre nós, depois de 22, a respeito da poesia e da palavra em termos de vanguarda".
- Diálogo com o grupo mineiro da revista *Tendência*, representado no Congresso por Affonso Ávila e Affonso Romano de Sant'Anna.

- Haroldo de Campos dedica-se a traduzir Maiakóvski (primeira tradução, com ensaio crítico, publicada em julho/dezembro pela *Revista do Livro*, n. 23/24).
- L. C. Vinholes publica uma antologia de poesia concreta brasileira na revista *Design*, Tóquio (n. 27, dezembro), com textos críticos de Fujitomi Yasuo (tradutor de Cummings) e Kitasono Katsue. Poemas de quinze autores.
- Rogério Duprat musica *Organismo* de Pignatari (cinco vozes solistas e instrumentos). A composição é apresentada no Festival de Música Contemporânea, Orquestra de Câmara de SP, sob a regência de Olivier Toni (TV Excelsior, 21.12).

1962

- *Invenção*, n. 1, com as teses de Cassiano e Pignatari.
- Max Bense e Elisabeth Walther editam a antologia *Noigandres / Konkrete Texte*, com prefácio de Helmut Heissenbuettel e posfácio de H. Campos, série "Rot", n. 7, Stuttgart (janeiro).
- Alberto da Costa e Silva organiza e publica em Lisboa, pelo SEPRO, a antologia *Poesia Concreta*, com transcrição do "Plano-Piloto".
- Drummond: *Lição de Coisas* (abril), livro onde se nota a influência da poesia concreta.
- O diálogo entre o grupo "Noigandres" e os poetas e críticos mineiros fica documentado no n. 4 (maio) da revista *Tendência*, onde se discute a ideia de um nacionalismo crítico.
- *Junho*: A. Campos começa a revisão do simbolista baiano Pedro Kilkerry. E. M. de Melo e Castro publica *Ideogramas* (poemas concretos). Lisboa, Guimarães Editores.
- Pignatari: "Stèles pour vivre n. 3 – Estela Cubana" (poema-cartaz, "Suplemento Literário" de *O Estado de S. Paulo*, 7.7.62). Extinto o "Suplemento Dominical" do *Jornal do Brasil*, Ferreira Gullar abandona a poesia de vanguarda e parte para a literatura de cordel: *João Boa Morte – Cabra Marcado para Morrer*. Fausto Cunha, em "Enxadas ou Transistores?" (*Correio da Manhã*, 28.7.62; *A Luta Literária*, Lidador, 1964), confronta as duas posições.

- No "Fórum Universitário", promovido pelos Seminários Livres de Música da Universidade da Bahia (tema geral "Espaço e Tempo"), Pedro Xisto, incumbido da seção "Poesia", dá um curso de conferências: "Poesia Concreta: Dimensões Históricas e Estéticas".
- "Cubagramma" (poema-cartaz, 1960-62), de Augusto de Campos.
- *Servidão de Passagem* (poema-livro, escrito em junho/julho 61), Haroldo de Campos: *Invenção*, n. 2, documentando esta fase.
- Contatos com a revista *Estudos Universitários*, Recife, secretariada por Luiz Costa Lima.
- "Antologia Noigandres – Do Verso à Poesia Concreta" (*Noigandres* 5).
- *Outubro*: o editor Vanni Scheiwiller apresenta no Studio Enne, Pádua (Itália), a "Mostra dedicata alla Poesia Concreta", com textos visuais desde Símias de Rodes até o Grupo "Noigandres" e os *nuovissimi* italianos (Sanguineti, Balestrini).
- A Gallimard edita *Mobile*, de Michel Butor, romance-reportagem na linha Mallarmé-Joyce-Pound. No artigo "Le Livre comme Objet" (*Critique*, n. 186, novembro), Butor expõe ideias bastante afins às sustentadas pelo Grupo "Noigandres" desde seus primeiros trabalhos teóricos.
- *Dezembro*: III Congresso Brasileiro de Crítica e História Literária, João Pessoa (Paraíba). Pignatari relata a seção "Poesia" ("Notícia: A Poesia Brasileira em Ação"), defendendo a forma revolucionária para a poesia revolucionária, dentro da concepção de Maiakóvski, e combatendo o neorrealismo de tipo zdanovista. Haroldo de Campos: "Da Tradução como Criação e como Crítica" (tese); Pedro Xisto "Laboratório de Textos", comunicação; L. Costa Lima: "O Campo Visual de uma Experiência Antecipadora: Sousândrade" (tese).
- "Poesia Hoje: Tarefa Revolucionária", Roberto Pontual (*Tempo Brasileiro*, n. 2).
- Os poetas tchecos Josef Hirshal e Bohumila Grögerová fazem uma conferência sobre a estética de Max Bense e a poesia concreta, ilustrada com textos de poetas brasileiros e europeus (Klub Vytvarnych Umelcu Mánes, Praga, 20.12).

- Em 62, Wlademir Dias Pino edita *Solida*, livro-objeto (novas grafias).
- *Panaroma do* Finnegans Wake *de James Joyce* (tradução de fragmentos por A. e H. Campos, São Paulo, Conselho Estadual de Cultura).

1963

- *Janeiro*: Júlio Medaglia organiza, sob os auspícios do Lateinamerikanischer Kreis, da Universidade de Freiburg, a exposição "Konkrete Dichtung aus Brasilien", apresentada por Max Bense.
- Pierre Garnier: "Manifeste pour une Poésie Nouvelle – Visuelle et Phonique", *Les Lettres*, Paris, n. 29.
- *Abril*: Gomringer reúne em volume todas as suas *Konstellationen* (Frauenfeld, Suíça).
- Hirshal faz nova conferência sobre a estética bensiana e a poesia concreta, para os redatores da Editora Estatal de Belas Letras (Praga, 24.4).
- *Maio*: *Soma*, de Edgard Braga.
- *Junho*: "Situación de la Poesía Concreta", Angel Crespo e Pilar Gómez Bedate, *Revista de Cultura Brasileña*, n. 5, Madrid, SEPRO.
- A. Campos entra em contato com Ian Hamilton Finlay (revista *Poor. Old. Tired. Horse*) e Edwin Morgan, que lançam a poesia concreta na Escócia.
- *Invenção*, n. 3. Vinte e cinco poetas, entre brasileiros e estrangeiros. Manifesto da Nova Música Brasileira. Homenagem a Mário Faustino (morto em 28.11.62, em desastre aéreo, no Peru).
- Max Bense promove nova exposição de poesia concreta brasileira, na Livraria Eggert, Stuttgart, com audição de poemas oralizados (disco gravado em 59, por vozes mistas, partituras e direção de J. Medaglia).
- *Julho*: *Curso de Introdução Ciência e Arte* ("A Indeterminação na Física e a Criatividade nas Artes Contemporâneas"), Porto Alegre, patrocínio dos Centros Acadêmicos e do Departamento de Difusão Cultural da Universidade do RGS: Haroldo de Campos, encarregado do setor Literatura, faz conferências sobre Sousândrade, Oswald, João Cabral, Poesia Concreta, e sobre *A Arte no Horizonte do Provável*.

- No Ferienkurse für Neue Musik (Darmstadt), Willy Corrêa de Oliveira faz palestra sobre a nova música brasileira e a poesia concreta.
- *Agosto*: "Semana Nacional de Poesia de Vanguarda" (Pampulha, Universidade de MG), certame organizado por Affonso Ávila, com a colaboração de poetas e escritores da revista *Tendência* dos grupos "Vereda" e "Ptyx" de Minas, da revista *Invenção*, além de participantes de outros Estados. Exposição de poemas-cartazes, conferências e mesas-redondas. Conclusões aprovadas e publicadas sob a forma de "Comunicado" ("Suplemento Literário" de O *Estado de S. Paulo*, 7.9.63), cujo parágrafo terminal diz: "A contribuição do poeta para a transformação da realidade nacional tem de basear-se no modo de ser específico da poesia como ato criador".
- Heitor Martins, professor de Literatura Brasileira na Universidade de Tulane, apresenta ao XI Congresso do Instituto Internacional de Literatura Ibero-Americana (Universidade do Texas) a tese: O *Concretismo, na Atual Poesia Brasileira*.
- Exposição "Schrift und Bild" ("Escrita e Imagem"), no Stedelijk Museum (Amsterdã) e na Kunsthalle (Baden-Baden), incluindo poemas-cartazes do Grupo "Noigandres".
- Festival "Música Nova" (Santos, SP): o movimento "Ars Viva", dirigido por Klaus-Dieter Wolf, apresenta composições de Willy Corrêa de Oliveira ("movimento", poema de Pignatari), Gilberto Mendes ("nascemorre", poema de Haroldo de Campos) e Koellreutter (*haicais* de Pedro Xisto).
- *Outubro*: mostra "Poesia e Segno", organizada por Vanni Scheiwiller, com a colaboração de Carlo Belloli (poesia visual, desde a Antiguidade até os poetas concretos brasileiros e os experimentalistas italianos).
- *Come si agisce*, de Nanni Balestrini (Feltrinelli, outubro): poesia permutacional-visual, "poesia concreta" e "poesia elettronica".
- *Novembro*: "Plan-Pilote pour la Poésie Concrète", do Grupo "Noigandres" (versão de Pierre Garnier), na revista *Les Lettres – Poésie Nouvelle*, n. 31.
- A *Revista Musical Chilena* transcreve o "Pronunciamento de los Nuevos Músicos Brasileños" (n. 86, outubro/dezembro).

- Em 63, Dom Sylvester Houédard, O.S.B. publica "Concrete Poetry and Ian Hamilton Finlay", com uma síntese do "Plano-Piloto" (*Typographica*, n. 8, Londres).
- Josef Hirshal: "O Poesii Pritozené a Umelé" ("Sobre Poesia Natural e Artificial"), conferência sobre a estética bensiana e a poesia concreta (Klub Mánes, Praga, 12.12; texto e exemplos mimeografados).

1964
- Convidado pelo Prof. Max Bense, Haroldo de Campos parte para a Europa (janeiro), como leitor de literatura brasileira contemporânea junto ao Studium Generale, anexo à Cadeira de Filosofia e Teoria do Conhecimento da Technische Hochschule, Stuttgart. Conferências e debates sobre Oswald de Andrade, Guimarães Rosa, João Cabral, Poesia Brasileira de Vanguarda e Poesia Concreta. Novas visitas a Ulm (Escola Superior da Forma) e a Colônia (Estúdio de Música Eletrônica). Entrevista com Pierre Boulez (Baden-Baden, em companhia do maestro Júlio Medaglia). Visitas a Gomringer, Gerstner, Markus Kutter, Belloli e Mary Vieira (Suíça). Contatos na Itália (Mario Diacono, Emilio Villa, Nanni Balestrini, Giuliani, poetas; Umberto Eco, Nello Ponente, A. M. Ripellino, Nicolai Tomashévski, críticos; Perilli, Santoro, pintores; entrevista com Ungaretti) e na França (Pierre e Ilse Garnier, Henri Chopin, Suzanne Bernard, poetas; grupo "Nouvelles Tendances", artistas visuais). Conferência sobre poesia concreta, com projeção de diapositivos, no Clube Mánes (Praga), conjugada com uma palestra de Júlio Medaglia sobre música brasileira (barroco mineiro, composições de vanguarda, bossa nova), com audição de gravações. Contatos com poetas (Hirshal, Bohumila, Ladislav Novak, Jiri Kolar, Jan Vladislav, Ivo Fleischmann), pintores (Kótik, Fuka, Málich, Médek) e compositores (Alóis Haba, grupo "Música Viva Praguensis").
- *Abril*: Pierre Garnier: "Poésie Concrète – Panorama" (*Les Lettres*, n. 32).
- Primeiro número de *Poesia Experimental* (Lisboa), revista dirigida em equipe por A. Aragão, A. Barahona da Fonseca, A. Ramos Rosa, Melo e Castro, H. Helder e Salette Tavares.

- Poemas concretos brasileiros na revista romana EX, n. 2, dirigida por Villa e Diacono.
- Conferência de Pilar Gómez Bedate: "El Sentido Plástico de la Poesía Concreta" (Sala Neblí, Madrid).
- M. Bense e E. Walther publicaram na série "Rot" (n. 14) *Der Hund ohne Federn*, de João Cabral (*O Cão sem Plumas*, tradução alemã de Willy Keller, posfácio de H. Campos)
- *Alea 1 – Variações Semânticas*, de Haroldo de Campos (poemalivro escrito em 62/63, publicado também nas revistas EX, 2 e *Die Sonde*, 3/4).
- *Maio*: poesia concreta brasileira na revista dos estudantes da Technische Hochschule (*TH-Stuttgart*, n. 7).
- *Junho*: "Exposição Internacional de Poesia Concreta", Tóquio, no Sogetsu-Kaikan (Centro de Arte Sogetsu) e na Universidade de Arte. Organização de L. C. Vinholes, em colaboração com o Deutsches Kultur-Institut local. Participação de poetas brasileiros, alemães, suíços, franceses e japoneses. Conferências do Prof. Manfred Link (da Universidade de Tóquio), L. C. Vinholes e Fujitomi Yasuo. São lançados na ocasião dois cadernos bilíngues de poesia: *Reta de Fumaça*, de Kitasono Katsue (tradução de L. C. Vinholes) e *Servidão de Passagem*, de Haroldo de Campos (tradução para o japonês do poeta concreto Seiichi Niikuni, autor de *Zero – On / Zero – Ideossom*).
- *Junho/julho*: o "Plano-Piloto" é publicado em versão japonesa de Kitasono Katsue (revista VOU, n. 95, Tóquio).
- *Julho*: Lançamento da *Re/Visão de Sousândrade*, de Augusto e Haroldo de Campos, com a colaboração de L. Costa Lima e Erthos A. de Souza.
- Pignatari e Luis Ângelo Pinto lançam o texto "Nova Linguagem, Nova Poesia", com poemas-código de ambos e de Ronaldo Azeredo (*Correio da Manhã*, RJ, 25.7; "Suplemento Literário" de *O Estado de S. Paulo*, 26.9; *Revista de Cultura Brasileña*, Madrid, outubro; versão inglesa em *Invenção*, n. 4, dezembro).
- Cassiano Ricardo publica "Algumas Reflexões sobre Poesia de Vanguarda", digesto-diluição, para uso promocional pessoal, das teorias da poesia concreta.

- Affonso Ávila informa sobre a repercussão da "Semana Nacional de Poesia de Vanguarda" junto ao grupo "Actitud", Buenos Aires ("Suplemento Literário" de O *Estado de S. Paulo*, 11.7).
- *Junho/setembro*: "Brasilianische Konkrete (Noigandres)" e "Konkrete Poesia", Max Bense, em *Manuskripte*, n. 11, Graz (Áustria).
- *Agosto/setembro*: *The Times Literary Supplement* lança dois números especiais (6.8 e 3.9) sobre poesia de vanguarda nos EUA e Inglaterra e no mundo. No primeiro, são feitas já referências à poesia concreta brasileira, que no segundo é apresentada com destaque. Poemas de A. Campos, R. Azeredo, D. Pignatari, José Paulo Paes; texto de Pignatari: "Concrete Poetry of Brazil" (republicados na revista *Atlas*, New York). Bense ("The Theory and Practice of Text"). Resenhas sobre *Noigandres, Invenção, Haicais & Concretos* (P. Xisto) e *Soma* (E. Braga). Lateralmente, é focalizada a revista *Praxis* ("Its layout and presentation are conventional and it seems to dislike the eclecticism, the mechanism, and one suspects the gaiety and brio of Noigandres"); a "poesia-praxis" é definida como "a watered down concrete" ("poesia concreta aguada"), pelo resenhista do TLS.
- "Groupe Noigandres (Brésil)", cronologia e poemas, revista *Les Lettres*, Paris, n. 33.
- *Experimentelle Schrelbweisen*, Max Bense, série "Rot", n. 17.
- *Outubro*: a equipe de *Invenção* participa ativamente do processo de revisão de Oswald de Andrade. Conferências e depoimentos na "Semana Oswald de Andrade", em memória dos dez anos da morte do escritor. Incumbido pelo Prof. Antonio Candido, Haroldo de Campos prepara a reedição das *Memórias Sentimentais de João Miramar*, de Oswald de Andrade (São Paulo, Difusão Européia do Livro). Colaborações no Suplemento especial de O *Estado de S. Paulo* (24. 10).
- *Novembro*: "La Poesía Concreta y la Realidad del Mundo Contemporáneo", A. Crespo e P. G. Bedate, revista *Aulas*, n. 21, Madrid.
- "Communication and Structure in Concrete Poetry", Stephen Bann; "Concrete and Kinetic: the Poem as Functional Object", Mike Weaver, poemas concretos de Ian, Garnier, Grupo "Noigandres", Gomringer,

Sylvester (revista *Image*, "Kinetic Art: Concrete Poetry", Cambridge). "Catalogue of the First International Exhibition of Concrete, Phonetic and Kinetic Poetry", Rushmore Rooms, St. Catharine's College, Cambridge (*Granta*, n. 1, 240), mostra organizada por Mike Weaver.

- Da Costa e Silva divulga a poesia concreta na Venezuela, através da revista *Cal* (n. 36).
- Concerto-recital de poemas concretos oralizados e composições de música nova pelo grupo "Ars Viva", de Klaus-Dieter Wolf, no auditório da Faculdade de Arquitetura e Urbanismo, SP.
- *Outubro/dezembro*: Hirshal e Bohumila escrevem sobre a poesia experimental tcheca, referindo-se a suas ligações com o Grupo "Noigandres" (*Manuskripte*, n. 12, Graz).
- *Dezembro*: "Espetáculo Popcreto", Galeria Atrium, SP. Quadros-objetos de Waldemar Cordeiro, com apresentação de Max Bense; poemas "popcretos" de Augusto de Campos; *happening* musical no recinto da exposição pela equipe de D. Cozzella.
- Crespo e Pilar lançam um número especial sobre "Literatura de Vanguardia" da *Revista de Cultura Brasileña*, n. 11 (Madrid). Importante documentário. Em "Vanguardia y Tradición en la Poesía de Edgard Braga" (*Cuadernos Hispanoamericanos*, n. 180, Madrid), Crespo afirma: "La influencia del concretismo se ha dejado sentir preferentemente en las nuevas generaciones poéticas, si bien es cierto que en dos sentidos, al parecer opuestos pero dialécticamente paralelos: en la producción de obras específicamente concretas – es decir, sometidas a la ortodoxia de los principios iniciales – y en la transformación del verso bajo la presión de aquellos principios y, como prueba de la vitalidad del movimiento, en la aparición de nuevas tendencias, en ocasiones contrarias, pero basadas siempre en la nueva visión – plástica, semántica y fonética – del vocablo propuesta por el concretismo".
- John Nist, "Brazilian Concretism", na revista norte-americana *Hispania* (vol. XLVII, n. 4).
- Sai o n. 4 da revista *Invenção*. Homenagem a Oswald. Apresentação da poesia concreta tcheca. Novas produções da equipe (poemas-códi-

go de Pignatari, Luis Ângelo e Ronaldo; poesia "popcreta" de Augusto; nova prosa – *Galáxias* – de Haroldo; tactilogramas de Braga; novas produções de José Lino e de Xisto; lançamento do novíssimo Paulo Leminski, do Paraná). Pignatari e Luis Ângelo publicam estudo preparado em 1963 sobre a aplicação de métodos estatísticos e teórico-informativos à crítica literária, divulgando os primeiros resultados de seus trabalhos de análise textual procedidos com auxílio de um computador IBM 1620, do Centro de Cálculo Numérico da Escola Politécnica da USP, e com a colaboração do Eng. Ernesto De Vita, responsável pelo aludido Centro.

– Em 1964, Ian Hamilton Finlay editou o poema trilíngue "Cidade, Cité, City" (1963), de Augusto de Campos (Wild Hawthorn Press; publicado também em EX, 2, *TH–Stuttgart*, 7, *The Times Literary Supplement* (3.9) e em *Invenção*, 4).

– O programa "Móbile" TV-4, SP, dirigido por Fernando Faro, apresentou durante o ano textos do Grupo "Noigandres" e composições musicais neles baseadas.

1965

– *Janeiro*: L. C. Vinholes publica na revista *Graphic Design*, Tóquio, um informe sobre a poesia concreta brasileira, documentado com clichês em cores de capas da revista-livro *Noigandres* e de poemas concretos.

– *Janeiro/fevereiro*: 1ª exposição de poesia concreta na Espanha (Galeria Grises, Bilbao), ambientada com música concreta. Participação da equipe de *Invenção* e de poetas de vária nacionalidade, inclusive dois espanhóis (Angel Crespo e Enrique Uribe Jr.). Conferência de Júlio Campal sobre "Poesía Concreta, Poesía de Vanguardia y Poesía Española Contemporánea".

– *Fevereiro*: Pignatari, lecionando Teoria da Informação na Escola Superior de Desenho Industrial da Guanabara desde 1963, dá entrevista à revista *Visão* sobre a estética face ao problema da comunicação de massa. Começa a escrever sobre futebol na *Folha de S. Paulo* ("Terceiro Tempo").

- *Março*: Augusto de Campos dá entrevista polêmica a José Louzeiro ("Poetas de Vanguarda Tomam Posição", *Correio da Manhã*, RJ, 13.3).
- Novo número (12) da *Revista de Cultura Brasileña*, desta vez abordando com destaque o "caso" Sousândrade (artigos de A. Crespo e P. G. Bedate e de Affonso Ávila).
- *De Tafelronde*, 1, 65 ("Integratie / Konkrete Poezie"), revista dirigida por Paul de Vree, Antuérpia.
- *Acaso/Event*, poema de Augusto de Campos (63) editado por John Furnival, Gloucester, na série "Opening", n. 2 (objetos de cartão desdobrável).
- *Maio*: em seu novo livro, *Brasilianische Intelligenz* (A Inteligência Brasileira, Wiesbaden, Limes Verlag), Max Bense, na parte referente à literatura, analisa exclusivamente a prosa de Guimarães Rosa e a poesia concreta.
- Mostra "Konkrete Poesie International", no Studium Generale, Stuttgart, acompanhada de catálogo e da publicação, na série "Rot", n. 21.
- Pignatari é convidado para lecionar Teoria da Informação na Escola de Jornalismo da Universidade de Brasília.
- Cozzella e os irmãos Duprat promovem *happenings* musicais na Universidade de Brasília.
- Ina Terterian escreve sobre poesia concreta brasileira na revista *Voprósi Literatúri* (*Questões de Literatura*, n. 5, Moscou).
- *Junho*: "Première Semaine de Publications Avant-Garde Mondiale", Galerie Riquelme, Paris, organização de Henri Chopin.
- Uma exposição de poesia concreta em Oxford é destruída por estudantes conservadores.
- Ernest Jandl, poeta concreto vienense, participa de um recital de poesia no Albert Hall, Londres, em companhia de poetas *beat* (Ginsberg, Corso, Ferlinghetti etc.), para um auditório de seis mil pessoas. Comentário de *The Times Literary Supplement* (17.6): "Two styles came over as the best modes. On the one hand the semi-chant, reiterative and repetitive, in which a single thought or feeling was pushed this way and that; Mr. Ferlinghetti did this and was loudly applauded; [...] the other way was an admission of all the dificulties of structured verbalizing

to a lot of people, and a collapse of words into elements already confused and garbled. This was the method of Ernst Jandl, the Viennese concrete poet, and the reception of his collapse of language should be gratifying to the concrete corps everywhere – not least in Oxford, where the poetry exhibition had been stupidly broken up by student philistines the night before".

nota biográfica*

AUGUSTO DE CAMPOS (São Paulo, SP, 1931). Poeta, ensaísta, tradutor. Incorporou novas mídias à sua poesia (painéis eletrônicos, holografias, projeções em laser, arte digital e eventos multidisciplinares). Além das já mencionadas, em colaboração com D. Pignatari, H. Campos, B. Schnaidermann e outros, estão entre as suas obras mais relevantes:

POESIA: *Viva Vaia*, Duas Cidades, 1979/Ateliê, 2001; *Despoesia*, 1994, e *Não*, 2003, Perspectiva; *Colidouescapo*, 1970/Amauta, 2006; CD *Poesia É Risco*, antologia (com música de Cid Campos), Polygram, 1995. Com Julio Plaza: *Poemóbiles*, 1974/Brasiliense, 1984; *Caixa Preta*, 1975, e *Reduchamp*, 1976, edições dos autores. Seus *Clip-Poemas* (1997), poesia digital animada, estão em CDR no livro *Não*.

ENSAIOS E TRADUÇÕES: *E. E. Cummings: 10 Poemas*, MEC, 1960; *20 Poem(a)s*, Noa-Noa, 1979; *40 Poem(a)s*, Brasiliense, 1986, *Poem(a)s*, Francisco Alves, 1999; *Verso Reverso Controverso*, 1979, *Rimbaud Livre*, 1992, *Hopkins: A Beleza Difícil*, 1997, *Coisas e Anjos de Rilke*, 2001, *Poesia da Recusa*, 2006, Editora Perspectiva. Por ou-

* A primeira data indica a primeira publicação, pela mesma ou por outras editoras.

tras editoras: Brasiliense: *Paul Valéry — a Serpente e o Pensar*, 1984; Companhia das Letras: *O Anticrítico e Linguaviagem*, 1986, *Mais Provençais*, 1987, *À Margem da Margem*, 1989; Noa-Noa: *Mallarmargem*, 1971, *Porta-Retratos: Gertrude Stein*, 1990, *Irmãos Germanos*, 1993; Arx: *Invenção – de Arnaut e Rimbaut a Dante e Cavalcanti*, 2003.

CRÍTICA LITERÁRIA: *Re-Visão de Kilkerry*, 1971/Brasiliense, 1985; *Poesia Antipoesia Antropofagia*, Cortez e Moraes, 1978; *Pagu: Vida-Obra*, Brasiliense, 1982.

CRÍTICA DE MÚSICA: *Balanço da Bossa* (com Julio Medaglia, Gilberto Mendes e Brasil da Rocha Brito), 1968, e *Balanço da Bossa e Outras Bossas* (com novos artigos seus), 1974-2005; *Música de Invenção*, Perspectiva, 1999.

OBRAS TRADUZIDAS: *Poemas*, por Gonzalo Aguilar, Universidad de Buenos Aires, 1994. *Anthologie – Despoesia*, por Jacques Donguy, Al Dante, Romainville, França, 2001.

HAROLDO DE CAMPOS (São Paulo, SP, 1929-2003). Poeta, ensaísta, tradutor. Professor Titular de Semiótica da Literatura da PUC, 1973-1989, Professor Emérito em 1990. Principais obras:

POESIA: *Xadrez de Estrelas: percurso textual 1949-1974*, 1976, e *Signantia: quasi coelum*, 1979, Perspectiva; *Galáxias*, 1984/Editora 34, 2004; *A Educação dos Cinco Sentidos*, Brasiliense, 1985; *Finismundo: a última viagem*, 1990; *Crisantempo: No Espaço Curvo Nasce Um*, Perspectiva, 1998; *A Máquina do Mundo Repensada*, Ateliê, 2000.

CRÍTICA: *Re-Visão de Sousândrade* 1964/Perspectiva, 2002, e *Sousândrade*, Agir, 1966/1995, com Augusto de Campos; *Oswald de Andrade*, Agir, 1967; *Metalinguagem*, Vozes, 1967 /*Metalinguagem & outras Metas*, 1992, e *A Arte no Horizonte do Provável*, Perspectiva, 1969/1977; *Guimarães Rosa em Três Dimensões* (com Augusto de

Campos e Pedro Xisto), Conselho Estadual de Cultura, 1970; *Morfologia do Macunaíma*, Perspectiva, 1973; *Ideograma: Lógica, Poesia, Linguagem*, 1977/Edusp, 2000; *A Operação do Texto*, 1976, e *Deus e o Diabo no Fausto de Goethe*, Perspectiva, 1981; *O Sequestro do Barroco na Formação da Literatura Brasileira*, Casa de Jorge Amado, 1989; *O Arco-Íris Branco*, Imago, 1997; *Depoimentos de Oficina*, Unimarco, 2002.

TRANSCRIAÇÕES: *Panaroma do Finnegans Wake* (com Augusto de Campos), 1962/Perspectiva, 1971/2001; *Maiakóvski* (com A. Campos e B. Schnaidermann), 1967/Perspectiva, 1982/1992. *Poesia Russa Moderna* (com A. Campos e B. Schnaidermann), 1968/Perspectiva, 2001; *Mallarmé* (com A. Campos e D. Pignatari), Perspectiva, 1974/2002; *Dante: Seis Cantos do Paraíso*, 1976/Fontana, 1978; *Transblanco* (com Octavio Paz), 1985/Siciliano, 1994. *Qohélet – O-que-sabe (Eclesiastes)*, 1990, e *Bere'Shith: A Cena da Origem*, Perspectiva, 1993/2001; *Hagoromo*, Estação Liberdade, 1994/2006, *Escrito sobre Jade*, Tipografia do Fundo de Ouro Preto, 1996/Ateliê Editorial, 2010; *Pedra e Luz na Poesia de Dante*, Imago, 1998; *Ilíada* (com Trajano Vieira) – *I*, 2001/*I e II*, Arx, 2002; *Ungaretti: Daquela Estrela à Outra* (com Aurora Bernardini), Ateliê, 2003; *Éden: Um Tríptico Bíblico*, Perspectiva, 2004.

OBRAS TRADUZIDAS: *Galaxies*, por Inês Oseki-Dépré e o autor, La Main Courante, 1998; *L'Educazione Dei Cinque Sensi*, Daniela Ferioli, Metauro Edizioni, 2005; *Haroldo de Campos — Une Anthologie*, Inês Oseki-Dépré, Al Dante, 2005; *Crisantiempo*, Andrés Sánchez Robayna, Acantilado, 2006.

DÉCIO PIGNATARI (Jundiaí/Osasco, SP, 1927-2012) – Poeta, prosador, ensaísta, semioticista e tradutor de poesia. Foi publicitário, colaborou em vários jornais do Rio e de São Paulo e lecionou na ESDI – Escola Superior de Desenho Industrial, RJ; na PUC-SP e na FAU-USP, por onde se aposentou como Professor Titular, 1994. Obras principais:

POESIA E ENSAIOS: pela Ateliê Editorial: *Poesia Pois É Poesia* (poemas coligidos), 2004; *Informação Linguagem Comunicação*, 1968/2002; *Semiótica e Literatura*, 1974/2004; *Contracomunicação*, 1977/2004; *Semiótica da Arte e da Arquitetura*, 1981/2004; *O que é Comunicação Poética*, 1977/2005; em colaboração com Augusto e Haroldo de Campos: *Ezra Pound – Cantares*, Ministério da Educação e Cultura, Instituto Nacional do Livro, 1960/*Ezra Pound*, Ed. Hucitec, 2006 (edição ampliada, incluindo traduções de J. L. Grünewald e Mário Faustino); *Mallarmé* (poemas traduzidos), Ed. Perspectiva, 1972/2002.

FORA DO COMÉRCIO: *Oswald Psicografado por Signatari*, 1981, e *Vocogramas*, 1985, ambos pela Ed. Código, de Erthos Albino de Souza; *Céu de Lona* (teatro), 2003 e *Marina Tsvietáieva* (poemas traduzidos), 2005, Travessa dos Editores, Curitiba.

OUTRAS OBRAS: *O Rosto da Memória* (contos), Ed. Brasiliense, 1986; *31 Poetas 214 Poemas*, Companhia das Letras, 1996; *Panteros* (romance), 34 Letras, 1994; *Podbre Brasil* (crônicas políticas), Ed. Pontes, Campinas, 1988; *Errâncias* (fotos e memórias), Ed. Senac, 2000; *Letras Artes Mídia*, Globo, 1995; *Cultura Pós-nacionalista*, Ed. Imago, 1998; *Retrato do Amor quando Jovem*, traduções de *Romeu e Julieta*, de Shakespeare; *Vita Nova*, Dante; *Os Rivais*, Sheridan; *O Diário*, Goethe, Companhia das Letras, 1990/2006.

OBRAS TRADUZIDAS: *Información, Lenguaje, Comunicación*, 1977, e *Semiótica del Arte y de la Arquitectura*, Gustavo Gili, 1983.

índice onomástico

ACHCAR, Francisco – 11
AGAM, Jacoov – 264
ALBERS, Joseph – 128, 216
ALEIJADINHO – 213
ANDRADE, Carlos Drummond de – 23, 245, 267
ANDRADE, Luís Edgard de – 247
ANDRADE, Mário de – 68, 98, 125, 127, 128
ANDRADE, Oswald de – 67, 80, 98, 122, 152, 193, 196, 211, 212, 216, 233, 235, 241, 242, 245, 246, 247, 250, 269, 271, 273, 274
APOLLINAIRE, Guillaume – 36, 36n, 37, 38, 40, 63, 69, 72, 80, 81, 84, 90, 96, 97, 99, 100, 138, 139, 180, 181, 182, 212, 215, 216, 224
ARAGÃO, A. – 271
ARAÚJO, Laís Corrêa de – 248
ARBOIN, Gabriel – 36, 36n, 97, 138
ARP, Hans – 82, 86
ASSIS BRASIL – 266
ATHAYDE, Felix de – 243
ÁVILA, Affonso – 249, 266, 270, 273, 276

AZEREDO, Ronaldo – 129, 219n, 246, 254, 262, 266, 272, 273, 275

BACH, J. S. – 44n
BALESTRINI, Nanni – 268, 270, 271
BANDEIRA, Manuel – 24, 263
BANN, Stephen – 273
BARZUN, Henri – 90, 139
BAUDELAIRE, Charles – 99
BEDATE, Pilar Gómez – 255, 269, 272, 273, 276
BELLOLI, Carlo – 243, 264, 266, 270, 271
BENEDETTA (Benedetta Cappa Marinetti) – 241
BENSE, Max – 190, 193, 200, 201, 202, 204, 213, 242, 244, 246, 249, 250, 255, 256, 257, 264, 265, 267, 268, 269, 271, 272, 273, 274, 276
BERG, Alban – 44
BERGSON, Henri – 143
BERNARD, Suzanne – 242, 264, 271
BETUDA, Mario – 37
BILL, Max – 65, 83, 86, 141, 216, 242, 261
BINAZZI – 37
BLANCHOT, Maurice – 135n

BLISH, James – 53
BLOODSTEIN, Oliver – 108, 118, 122n
BOCCIONI, Umberto – 37
BOULEZ, Pierre – 31, 32, 43, 44n, 45, 47, 50, 53, 68, 83, 111, 135, 207, 216, 240, 260, 264, 271
BOULTENHOUSE, Charles – 179, 180, 181, 182, 183
BRAGA, Edgard – 242, 249, 265, 266, 269, 273, 274, 275
BRETON, André – 115, 140
BRITO, Mário da Silva – 243, 248, 266
BROWN, Bob – 246
BROWN, John Lackey – 39
BRUNO, Antonio – 241
BURROW, Trigant – 107
BUSON, Taniguchi – 244
BUTOR, Michel – 245, 268

CAGE, John – 260
CALDER, Alexander – 41, 50, 91
CAMÕES, Luís Vaz de – 210, 233
CAMPAL, Júlio – 275
CAMPBELL, Joseph – 41n, 241
CAMPOS, Álvaro de – 15
CAMPOS, Augusto de – 14, 26n, 30n, 49n, 69, 98, 99, 100, 129, 140, 148, 181, 182, 222, 239, 240, 241, 243, 259, 260, 261, 265, 266, 267, 268, 269, 273, 274, 275, 276
CAMPOS, Haroldo de – 14, 57, 85, 86, 91, 98, 129, 135n, 170, 183n, 239, 240, 241, 242, 243, 244, 245, 246, 249, 253, 254, 256, 259, 260, 263, 264, 265, 266, 267, 268, 269, 270, 271, 272, 273, 275
CANDIDO, Antonio – 273
CANGIULLO, Francesco – 37, 139, 241
CARMO, J. Santana do – 243

CARPEAUX, Otto Maria – 25
CARRÀ, Carlo – 37
CARROLL, Lewis – 96, 126, 244
CASSIANO RICARDO – 266, 267, 272
CASSIRER, Ernst – 126, 217
CASTRO, E. M. de Melo e – 267, 271
CASTRO, Willys de – 100n
CHANG-TUNG-SUN – 120n
CHOPIN, Henri – 271, 276
CLARK, Lygia – 250
COELHO NETO, Henrique M. – 195
COHN, Robert Greer – 33, 33n, 34, 41, 136n, 140
CORBIÈRE, Tristan – 244, 260
CORDEIRO, Waldemar – 93, 172, 259, 274
CORONA, Eduardo – 64
CORSO, Gregory – 276
COSTA, Lúcio – 213
COSTA E SILVA, Alberto da – 255, 267, 274
COUTINHO, Afrânio – 181, 264
COZZELLA, Damiano – 260, 261, 265, 274, 276
CRASHAW, Richard – 246
CRESPO, Angel – 264, 269, 273, 274, 275, 276
CUMMINGS, E. E. – 32, 38, 40, 41, 42, 49, 49n, 51, 56, 63, 68, 69, 72, 74, 80, 83, 84, 90, 97, 99, 100, 117, 118, 118n, 140, 146, 193, 212, 216, 240, 245, 252, 254, 260, 262, 266, 267
CUNHA, Fausto – 267

D'AREZZO, Guido – 199
DANIEL, Arnaut – 189, 243, 245, 259
DANTE – 43, 68, 69, 189, 246
DÉCAUDIN, Michel – 36n
DE VITA, Ernesto – 275

DEUTSCH, J. A. – 114
DIACONO, Mario – 271, 272
DOESBURG, Theo van – 86, 241
DÖHL, Reinhard – 256
DONNE, John – 240, 246
DUPRAT, irmãos Rogério e Regis – 276
DUPRAT, Rogério – 267

ECO, Umberto – 271
EINSTEIN, Albert – 105
EISENSTEIN, Siergei M. – 32, 39, 69, 127, 129, 140, 215, 252
ELIOT, T. S. – 20, 43
ENGELS, Friedrich – 210

FANO, Michel – 32, 41, 41n, 42, 44, 51, 51n, 146, 148, 204
FARO, Fernando – 275
FAUSTINO, Mário – 240, 241, 253, 262, 269
FENOLLOSA, Ernest – 38, 39, 69, 82, 95, 107n, 115n, 116, 116n, 128, 137, 142, 145, 165, 166, 167, 169, 171, 197, 217
FERLINGHETTI, Lawrence – 276
FERRARI, Luc – 264
FERREIRA GULLAR – 98, 129, 170, 261, 262, 263, 266, 267
FIAMINGHI, Hermelindo – 248
FINLAY, Ian Hamilton – 269, 273, 275
FLAUBERT, Gustave – 196, 235
FLEISCHMANN, Ivo – 271
FONSECA, A. Barahona da – 271
FREUD, Sigmund – 198
FROBENIUS, Leo – 84
FUKA – 271
FURNIVAL, John – 276

GARNIER, Ilse – 271
GARNIER, Pierre – 255, 269, 270, 271
GERSTNER, Karl – 264, 271

GIDE, André – 111
GINSBERG, Allen – 276
GILBERTO, João – 235
GITAY, Shahin – 181
GIULIANI, Alfredo – 271
GOETHE, Johann W. von – 82
GOLÉA, André – 264
GOMRINGER, Eugen – 83, 84, 85, 90, 100, 109, 129, 130, 135, 141, 147, 171, 176, 202, 211, 212, 240, 242, 244, 255, 261, 264, 265, 266, 269, 271, 273
GÓNGORA, Luís de – 43
GRAEVENITZ, G. v. – 242, 264
GRAVINAS, Alexandre – 137n
GRÖGEROVÁ, Bohumila – 268, 271, 274
GROJNOWSKI, Daniel – 36n
GROPIUS, Walter – 96, 176
GRÜNEWALD, José Lino – 178, 183, 239, 252, 264, 265, 266
GUERREIRO RAMOS, Alberto – 212
GUIMARÃES ROSA, João – 192, 193, 194, 245, 248, 271, 276

HABA, Alóis – 271
HAYAKAWA, S. I. – 105n, 106n, 108, 110, 115, 252
HEGEL, Georg W. F. – 69
HEIDEGGER, Martin – 161
HEINZL, Alberto Amêndola – 247
HEISSENBUETTEL, Helmut – 242, 264, 267
HELDER, Herberto – 271
HELMS, Hans G. – 264
HERBERT, George – 246
HIRSHAL, Josef – 268, 269, 271, 274
HÖLDERLIN – 24, 25
HOLZ, Arno – 84, 212, 245
HOMERO – 43
HOUÉDARD, Dom Sylvester – 256, 271, 274
HOWARD, I. P. – 114

HUIDOBRO, Vicente – 240
HÜLSENBECK, Richard – 139
HUMBERT, Roger – 243
HUMBOLDT, Alexander – 217
HUSSERL, Edmund – 51, 51n
HYPPOLITE, Jean – 243

IANELLI, Arcangelo – 37, 139
IESSIÊNIN, Sierguei – 248
IEVTUCHENKO, Ievguêni – 249
ISOU, Isidore – 90
IVO, Ledo – 24

JACCOTTET, Philippe – 255
JANDL, Ernest – 276
JANKO, Marcel – 139
JANNINI, P. A. – 254
JARDIM, Reinaldo – 262, 263
JIRMÚNSKI, V. M. – 78, 79
JOYCE, James – 40, 41, 49, 50, 51, 56, 60, 63, 68, 69, 72, 74, 80, 84, 90, 96, 99, 106, 126, 140, 145, 146, 149, 162, 163, 190, 191, 192, 193, 194, 196, 197, 212, 215, 241, 248, 254, 260, 268, 269
JUNG, Carl Gustav – 149

KAGEL, Maurício – 264
KANDINSKY, Wassily – 82, 84, 85, 86, 151
KATSUE, Kitasono – 213, 242, 243, 244, 256, 263, 265, 267, 272
KEES, Weldo – 120, 120n, 121, 123
KELLER, Willy – 250, 272
KENNER, Hugh – 32, 128, 137, 138, 140, 252, 260
KHLIÉBNIKOV, Victor – 79, 249
KILKERRY, Pedro – 244, 246, 267
KIRCHBERGER, G. C. – 250
KLEE, Paul – 69
KOELLREUTTER, H. J. – 260, 270

KÖHLER, Wolfgang – 107n
KOFFKA, Kurt – 107n, 125
KOLAR, Jiri – 271
KÖNIG – 264
KORZYBSKI, Alfred – 105, 106, 106n, 108, 115, 116n, 118, 120n, 122, 122n
KÓTIK – 271
KUTTER, Markus – 271

LAFORGUE, Jules – 196, 253, 260
LANGER, Susanne K. – 118, 143, 157, 159
LARRAURI, Agustin – 243
LE CORBUSIER, Charles – 96
LEAL, José Simeão – 266
LEMINSKI, Paulo – 275
LESSING, Gotthold E. – 144
LEVIN, Harry – 193, 197
LIMA, Luiz Costa – 254, 268, 272
LINK, Manfred – 272
LO GATTO, E. – 77, 79
LOUZEIRO, José – 251, 276
LULLO, Raimundo – 147

MACHADO DE ASSIS – 57, 196
MAHLE, Ernest – 261
MAIAKÓVSKI, Vladímir – 123, 123n, 124n, 211, 218, 233, 245, 248, 249, 253, 267, 268
MALDONADO, Tomás – 244, 261, 264
MÁLICH – 271
MALIÉVITCH, Kasimir – 96
MALLARMÉ, Stéphane – 31, 32, 33, 35, 38, 40, 41, 42, 43, 49, 51, 56, 63, 65, 67, 69, 72, 75, 80, 82, 83, 84, 90, 96, 100, 107, 118n, 123, 124, 127, 128, 135n, 136n, 138, 139, 140, 141, 143, 150, 161, 180, 182, 193, 212, 215, 233, 243, 245, 260, 268
MANDELBROT – 190, 191, 192, 196, 200, 202
MANN, Thomas – 44, 44n

MARINETTI, Tommaso – 35, 35n, 37, 139, 151, 241
MARTINS, Heitor – 270
MARVELL, Andrew – 240, 246
MARX, Karl – 180, 210
MAVIGNIER, Almir – 264
MCLUHAN, Marshall – 235
MEDAGLIA, Júlio – 255, 265, 269, 271
MEDAUAR, Jorge – 175n
MÉDEK – 271
MELO NETO, João Cabral de – 56, 69, 80, 98, 99, 193, 212, 216, 240, 250, 269, 271, 272
MELLO, Francisco Bandeira de – 250
MENDES, Gilberto – 270
MENDES, Murilo – 242, 250, 266
MENDILOW, A. A. – 144
MERLEAU-PONTY, Maurice – 110n
MILLER, G. A. – 191, 192
MIRANDA, José Tavares de – 19n
MOHOLY-NAGY, Lazlo – 110
MONDRIAN, Piet – 69, 91, 96, 111, 146, 150, 151, 155, 216
MONNEROT, Jules – 81
MONTEIRO, Adolfo Casais – 118n
MOORE, Marianne – 20, 25, 243
MORGAN, Edwin – 269
MORGENSTERN, Christian – 69, 244, 247
MORRIS, Charles W. – 219
MORSCHEL, J. – 242, 264
MOURÃO, Rui – 249
MUKAROVSKY, Jan – 78
MUNARI, Bruno – 264

NEUTRA, Richard – 153
NIEMEYER, Oscar – 213
NIIKUNI, Seiichi – 256, 272
NIST, John – 256, 274
NOVAK, Ladislav – 271

OBRADOVIC, Adelheid – 50n, 106n, 145, 194
OGDEN, Charles K. – 192, 193, 197, 198
OLIVEIRA BASTOS – 119n, 262, 263
OLIVEIRA, Willy Corrêa de – 270
OSTERMANN, Ruy Carlos – 249

PACHECO, Diogo – 100n, 118n, 240, 261, 263
PAES, José Paulo – 273
PALATNIK, Abrahão – 148
PALAZZESCHI, Aldo – 241
PEDROSA, Mário – 120n, 134, 194
PEIRCE, Charles Sanders – 219
PERILLI, Achille – 271
PESSOA, Fernando – 15, 20, 143, 175
PETRAGLIA, Cláudio – 265
PHILIPPOT, Michel – 44, 260
PICHETTE, Henri – 151
PIGNATARI, Décio – 14, 15, 19n, 23n, 53, 56, 85, 95n, 107n, 111, 112, 113n, 124n, 129, 136n, 143, 171, 177, 204, 222, 239, 240, 241, 246, 252, 256, 259, 260, 261, 262, 263, 264, 265, 266, 267, 268, 270, 273, 275, 276
PINO, Wlademir Dias – 129, 222, 262, 264, 265, 266, 269
PINTO, Alcides – 263
PINTO, Luis Ângelo – 14, 219n, 246, 272, 275
PIRANDELLO, Luigi – 234
POE, Edgar Allan – 130, 136n, 233
PONENTE, Nello – 271
PONGE, Francis – 244, 264
PONTUAL, Roberto – 268
PORTO, Raul – 248
POUND, Ezra – 20, 38, 39, 40, 42, 43, 43n, 46, 46n, 47, 49, 53, 56, 63, 68, 69, 72, 74, 80, 82, 84, 85, 90, 95, 96,

116n, 123, 124, 137, 138, 140, 141, 142, 145, 160, 161, 162, 163, 165, 166, 167, 169n, 196, 197, 198, 212, 215, 233, 240, 242, 244, 248, 252, 253, 254, 259, 260, 263, 264, 266, 268
PRADO, Paulo – 122
PRAMPOLINI, Enrico – 151
PUSHKIN, Aleksandr – 127
PUTTENHAM, George – 181, 182

QUENZER, Gert – 256

RABELAIS, François – 96
RABINOVITCH – 151
RAPOPORT, Anatol – 122n
REVERDY, Pierre – 243
RILKE, Rainer Maria – 147
RIMBAUD, Arthur – 260
RIPELLINO, A. M. – 271
ROBINSON, Henry Morton – 41n, 241
RODES, Símias de – 179, 182, 183, 268
RÓDTCHENKO, Aliexánder – 123n
ROHE, Mies van der – 96
ROSA, A. Ramos – 271
ROT, Diter – 243
RUESCH, Jurgen – 120, 120n, 121, 123

SÁ DE MIRANDA, Francisco de – 210
SÁ-CARNEIRO, Mário de – 14
SALMON, André – 36n
SANGUINETI, Edoardo – 268
SANT'ANNA, Affonso Romano de – 266
SANTORO – 271
SAPIR, Edward – 140, 160, 161, 164, 165, 166, 167, 168, 217
SARRAUTE, Nathalie – 234
SARTRE, Jean-Paul – 46, 46n, 50, 55, 78, 109n, 147, 260

SATIE, Erik – 235
SCHAEFFER, Pierre – 111, 149
SCHAWINSKY, Xanti – 152
SCHEIWILLER, Vanni – 264, 268, 270
SCHERCHEN, Hermann – 260
SCHKLÓVSKI, Victor – 77
SCHLEMMER, Oskar – 152
SCHNAIDERMANN, Bóris – 245
SCHÖNBERG, Arnold – 31, 44, 44n, 117
SCHWITTERS, Kurt – 69, 151, 240
SEUPHOR, Michel – 264
SHANNON, Claude E. – 114, 196, 200, 202
SHEFFER, Henry M. – 158
SILVA RAMOS, Péricles Eugênio da – 181
SLUCKIN, W. – 112, 113
SÓCRATES – 235
SOFFICI, Ardengo – 37, 139
SOUSA, Milton de Lima – 247
SOUSÂNDRADE, Joaquim de – 233, 244, 245, 249, 250, 253, 254, 265, 269, 272, 276
SOUZA, Erthos Albino de – 254, 272
STEIN, Gertrude – 68, 201, 202, 244
STEVENS, Wallace – 241
STOCKHAUSEN, Karlheinz – 31, 44, 68, 81, 148, 216, 264
STRAMM, August – 242
STRAVÍNSKI, Igor – 43
STROETTER, João Rodolfo – 213, 265
STUCKENSCHMIDT, H. H. – 44n

TAVARES, Salette – 271
TERTERIAN, Ina – 276
THOMAS, Dylan – 181, 183
THOMSON, George – 23
TOMASHÉVSKI, Nicolai – 271
TONI, Olivier – 267
TOLSTÓI, Liev – 79
TRIOLET, Elsa – 123n

TZARA, Tristan – 90, 139, 147

UNGARETTI, Giuseppe – 241, 271
URIBE JR., Enrique – 275

VALÉRY, Paul – 82, 124, 138, 233
VANTONGERLOO, Georges – 264
VARÈSE, Edgard – 260
VASARELY, Victor – 264
VENN, John – 220
VICO, Giambattista – 41
VIDAL, Peire – 253
VIEIRA, Mary – 243, 264, 271
VIEIRA, Padre Antônio – 136n
VILLA, Emilio – 271, 272
VINHOLES, Luís Carlos – 213, 246, 255, 256, 265, 267, 272, 275
VLADISLAV, Jan – 271
VOLPI, Alfredo – 65, 70, 91, 92, 93, 130, 247
VORDEMBERGE-GILDEWART – 264
VREE, Paul de – 276

WALTHER, Elisabeth – 250, 255, 264, 267, 272
WEAVER, Mike – 200, 273, 274
WEBERN, Anton – 29, 31, 44, 50, 51, 68, 69, 96, 100, 135, 150, 216, 235, 240, 259, 260, 261, 263
WERNER, Klaus – 21
WHITEHEAD, Alfred North – 204
WHORF – 106n
WIENER, Norbert – 64, 129, 130, 201, 209
WILLIAMS, William Carlos – 84, 193, 212, 241, 252, 253
WOLF, Klaus-Dieter – 270, 274
WOLLNER, Alexandre – 251

XISTO, Pedro – 195, 253, 263, 265, 266, 268, 270, 273

YASUO, Fujitomi – 267, 272

ZIPF, George Kingsley – 190, 191
ZUKOFSKY, Louis – 246

OUTRAS OBRAS DOS AUTORES EDITADAS PELA ATELIÊ EDITORIAL

Viva Vaia: Poesia 1949-1979, Augusto de Campos

A Máquina do Mundo Repensada, Haroldo de Campos

Ungaretti – Daquela Estrela à Outra, Aurora F. Bernardini e Haroldo de Campos (trad.) e Lucia Wataghim (org.)

Escrito sobre Jade – Poesia Clássica Chinesa, Haroldo de Campos

Contracomunicação, Décio Pignatari

Informação. Linguagem. Comunicação, Décio Pignatari

O Que É Comunicação Poética, Décio Pignatari

Poesia Pois É Poesia, Décio Pignatari

Semiótica da Arte e da Arquitetura, Décio Pignatari

Semiótica & Literatura, Décio Pignatari

Título	Teoria da Poesia Concreta
Autores	Augusto de Campos
	Décio Pignatari e
	Haroldo de Campos
Editor	Plinio Martins Filho
Produção Editorial	Aline Sato
Capa	Tomás Martins,
	sobre criação de Décio Pignatari
Revisão	Geraldo Gerson de Souza
	Gênese Andrade
Projeto Gráfico	Tomás Martins
Editoração Eletrônica	Amanda E. de Almeida
	Tomás Martins
Formato	15,7 x 23 cm
Tipologia	Electra
Papel	Cartão Supremo 250 g/m² (capa)
	Chambril Avena 80 g/m² (miolo)
Número de Páginas	296
Impressão	Cromosete Gráfica